CB067773

2021 - Copyright © - Kiko Kislanky

Todos os direitos reservados. É proibida a reprodução integral ou parcial deste livro por qualquer meio sem a autorização prévia do autor.

CEO e editora-chefe: Andréia Roma
Revisão: Flávio Cruz
Capa: Editora Leader
Projeto gráfico e editoração: Desenho Editorial
Suporte editorial: Lais Assis
Livrarias e distribuidores: Liliana Araújo
Artes e mídias: Equipe Leader
Diretor financeiro: Alessandro Roma

Dados Internacionais de Catalogação na Publicação (CIP)

K66s 1.ed. Kislansky, Kiko
A saída é para dentro: 108 perguntas para uma vida com mais significado / Kiko Kislansky. – 1.ed – São Paulo: Editora Leader, 2024.
(Série mulheres / coordenadora Andréia Roma) 296 p.

ISBN 978-85-5474-203-4

1. Amor próprio (Psicologia). 2. Crescimento pessoal. 3. Inspirações. 4. Propósito de vida. 5. Virtudes. I. Roma, Andréia. II. Título. III. Série.

04-2024/16 CDD 158.5

Índices para catálogo sistemático:
1. Crescimento pessoal: Inspirações: Psicologia 158.1
Bibliotecária responsável: Aline Graziele Benitez CRB-1/3129

2024

Editora Leader Ltda.
Rua João Aires, 149
Jardim Bandeirantes – São Paulo – SP

Contatos:
Tel.: (11) 95967-9456
contato@editoraleader.com.br | www.editoraleader.com.br

KIKO KISLANSKY

&

A SAÍDA
É PARA
DENTRO

108 perguntas
para uma vida com mais significado

Editora LEADER

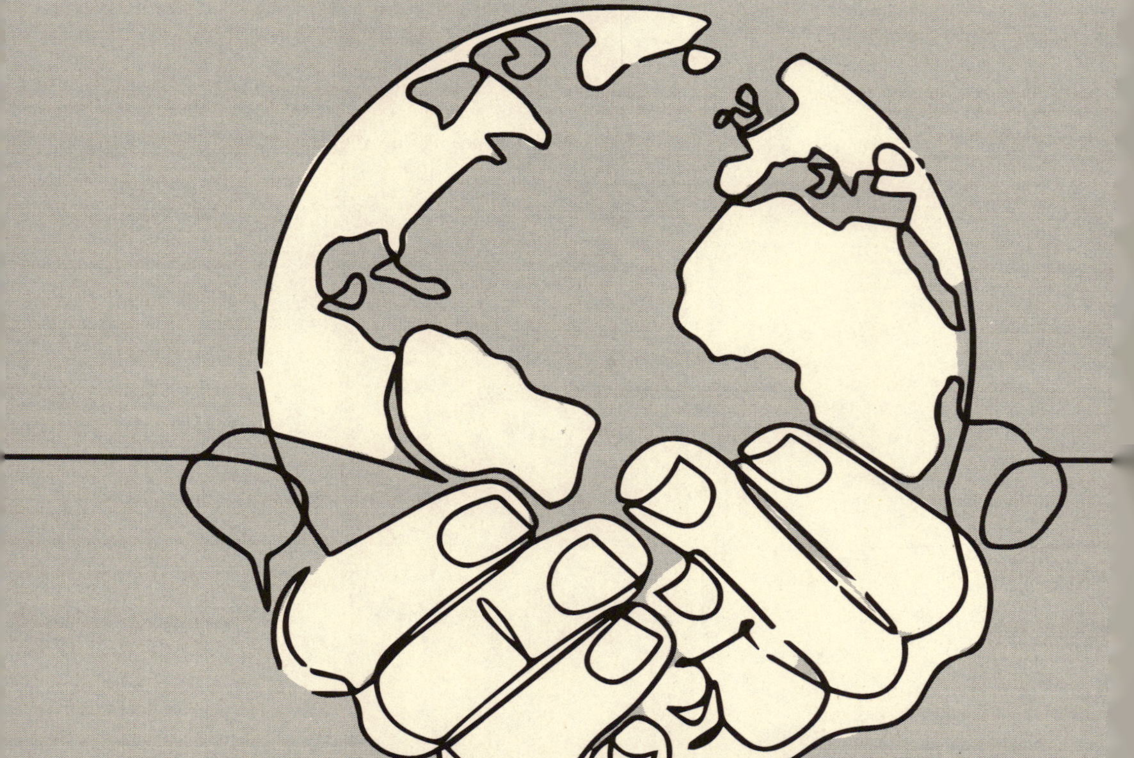

Gratidão profunda a todos e todas que iluminaram minha jornada e impulsionaram minha conexão com minha essência, através de perguntas profundas e exemplos inspiradores.

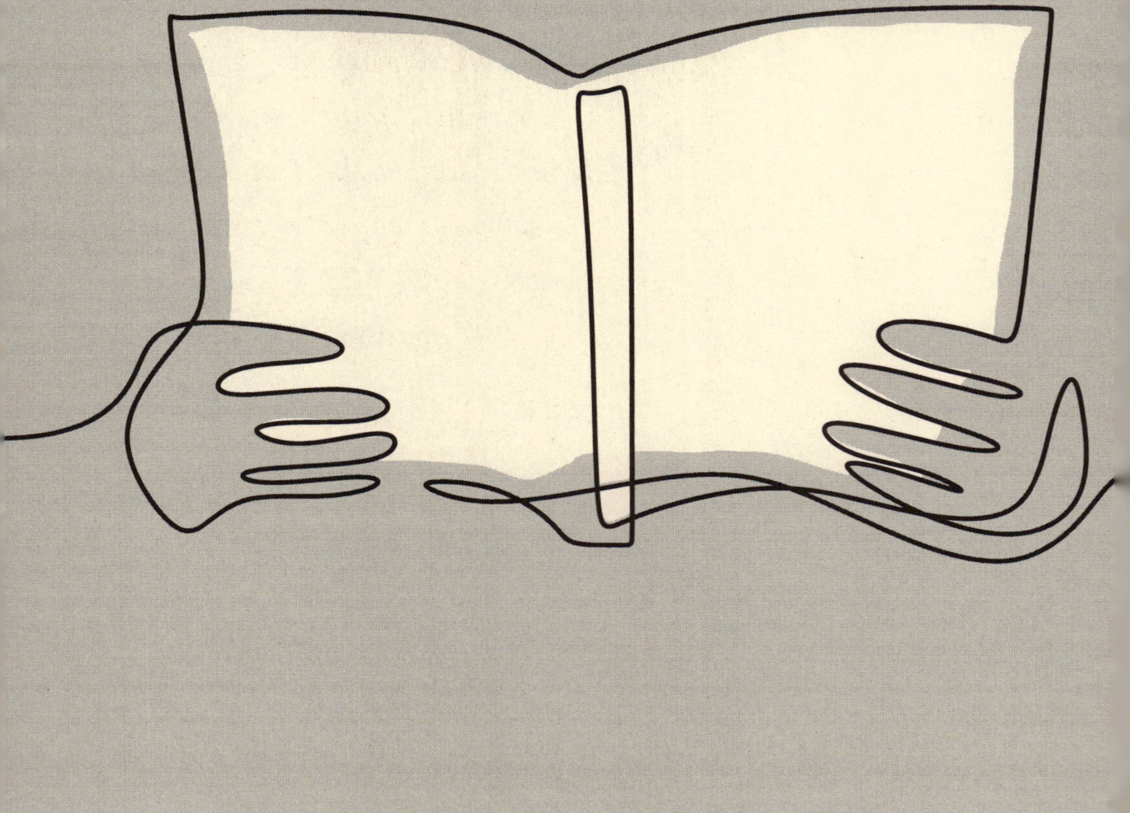

1. Intenção 09

2. Prefácio 15

3. A viagem para dentro 19

4. O Propósito das Perguntas . 29

5. Dicas de Uso 55

6. As 108 perguntas 61

7. Mensagem Final 283

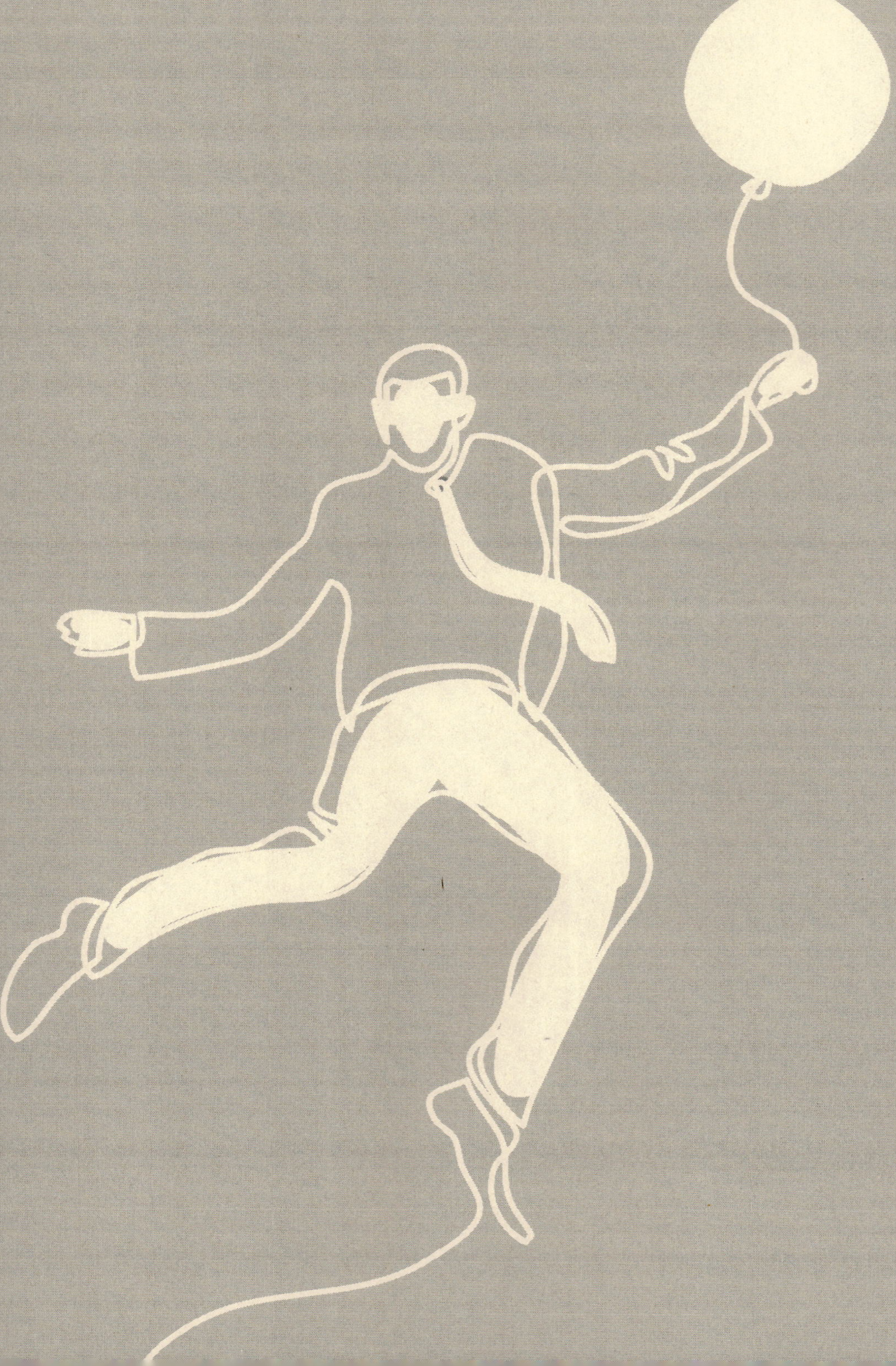

1.
INTENÇÃO

"Não são as respostas que movem o mundo. São as perguntas"

Frase atribuída à
ALBERT EINSTEIN

A través de perguntas, podemos cultivar nossas virtudes e transbordar o amor que habita em nós de forma mais intencional e consciente. Isto é propósito. Propósito é amor em movimento. Nosso propósito floresce organicamente, quando aceitamos que somos amor e que precisamos compartilhar este amor com o mundo ao nosso redor, através da nossa presença, das nossas palavras, e das nossas atitudes. Por isto, tenho a intenção de que as perguntas deste livro inspirem você a se aproximar ainda mais do seu propósito maior.

Um dos conceitos que desenvolvi, dentro da "Propositologia" (disciplina dedicada ao estudo do Propósito), é o ciclo virtuoso do Propósito. Este ciclo é composto por três pilares interdependentes, representados pelos verbos: ser, evoluir e servir.

Este ciclo acontece naturalmente em nossas vidas: nós nos conhecemos, evoluímos e servimos. Quanto mais nos conhecemos, mais evoluímos; e quanto mais evoluímos, melhor podemos servir.

O ciclo é regido por três grandes perguntas:

1. QUEM SOU EU?
2. COMO ESCOLHO EVOLUIR HOJE?
3. COMO ESCOLHO SERVIR HOJE?

Você perceberá que, mesmo que de forma sutil, todas as perguntas deste livro estarão relacionadas de alguma forma ao ciclo do Propósito. E eu desejo que cada uma delas adocique a jornada do seu Propósito maior. Que cada página ajude a acender ainda mais a sua luz interna. Afinal, a sociedade se torna muito mais incrível quando você acende a sua luz. **Nosso propósito é um pilar de sustentação fundamental do significado das nossas vidas,** e estas perguntas irão colaborar para que você se aproxime do seu propósito, sua razão de ser, sua motivação mais profunda.

O que eu realmente espero, é que neste livro habitem mais palavras suas do que minhas. Não é à toa que convido você a colocar seu nome como coautor (a) na contra capa (se você não fez isso ainda, vá até à contra capa e escreva seu nome ao lado do meu).

São as suas respostas que vão tornar este livro único. Minha missão aqui é apenas facilitar sua jornada, buscando que tenha uma estrutura para expressar aquilo que reside em lugares internos, que costumamos ser pouco estimulados a explorar. Perguntas ativam o combustível que impulsiona nossa expansão de consciência. E é justamente por acreditar nisto que, desta vez, optei por construir um livro com mais perguntas do que respostas.

As próximas páginas são uma convocação para a viagem mais preciosa da vida: a que fazemos pra dentro de nós mesmos. Mais do que um livro, este é um convite para você se tornar investigador de si mesmo e da vida, com um olhar apreciativo para sua essência, construindo uma ponte consciente e genuína entre o mundo de dentro e o mundo de fora.

Chegou a hora de se aproximar ainda mais da sua própria verdade. Valorize e aproveite esta jornada, em que você é o maior protagonista!

LENDA HINDU – A DIVINDADE PERDIDA

Uma antiga lenda hindu conta que houve um tempo em que todos os homens eram deuses. Mas, como abusaram da sua divindade interior, Brahma, o mestre dos deuses, decidiu retirá-la de cada um e escondê-la num lugar onde lhes seria impossível encontrá-la. Mas o grande problema era encontrar um lugar seguro, para guardar este poder divino.

Brahma convocou seus deuses mais próximos para resolver esta situação.

— Enterremos a divindade do homem, propuseram eles.

Mas Brahma logo respondeu:

— Isso não chega, porque o homem vai cavar e encontrar.

Os deuses replicaram: — Nesse caso, vamos escondê-la no fundo dos oceanos.

Mas Brahma respondeu:

— Não; mais cedo ou mais tarde, o homem vai explorar as profundezas do oceano. Acabará por a encontrar e vai trazê-la para a superfície.

> Então, os deuses disseram:
> — Não sabemos onde a esconder, porque parece não existir, sobre a terra ou debaixo do mar, um lugar aonde o homem não possa chegar um dia.
> Mas Brahma respondeu:
> — Eis o que faremos com a divindade do homem: vamos escondê-la no mais profundo dele mesmo, porque é o único lugar onde ele nunca pensará em procurar.

A lenda diz que, desde esse tempo, o homem percorreu a terra, explorou a lua, escalou as mais altas montanhas, mergulhou nas profundezas dos oceanos e penetrou na terra, sempre à procura de alguma coisa que se encontra nele.

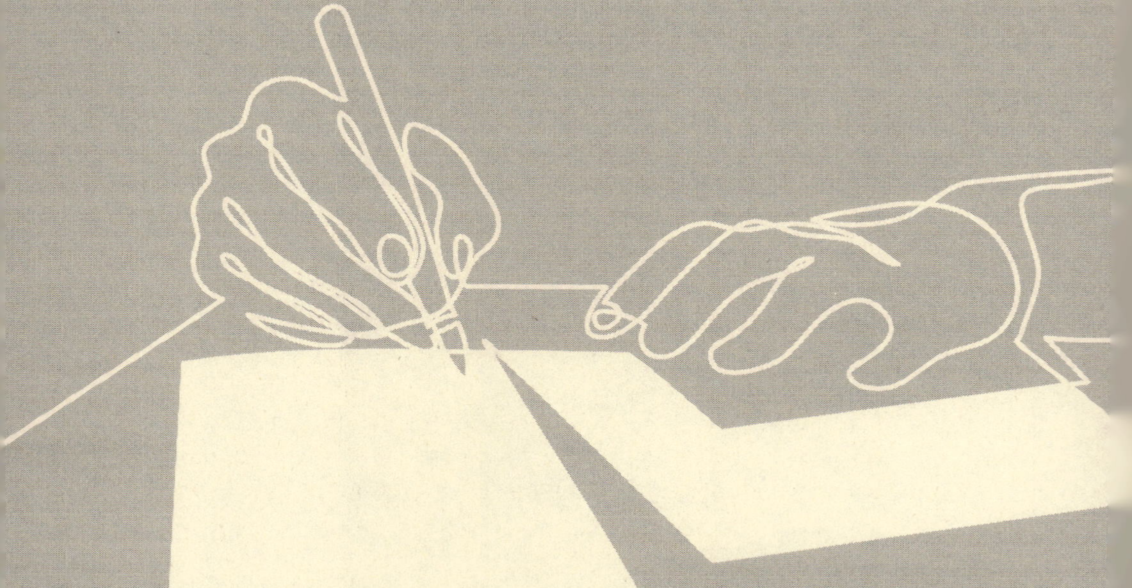

2.
PREFÁCIO

É com imensa alegria e gratidão que escrevo o prefácio deste livro, mais uma bela obra do meu querido Kiko Kislansky, que vive tão lindamente o seu propósito através de todas as suas ações, criações e inovações. O propósito de Kiko é inspirar pessoas a descobrirem e viverem os seus propósitos, colaborando assim para a construção de um mundo mais humano, consciente e significativo. Tal visão se expressa claramente nesta obra que vem nos guiar ao longo de perguntas que podem nos conectar a respostas que, certamente, serão transformadoras e significativas em nossas vidas.

Em um mundo onde vemos cada vez mais pessoas vivendo no automático, perdidas em turbilhões criados por seus próprios excessos, é urgente entender e esclarecer que a saída é sempre para dentro. Apenas dentro de nós mesmos encontraremos a chave para todas as mudanças necessárias e a força para iniciá-las; lá, no íntimo de nosso ser, identificaremos as respostas que tanto procuramos e a verdade que devemos seguir. Este livro é um convite para abrirmos esta porta para o nosso interior de forma curiosa, amorosa e criativa.

A leitura deste livro, absolutamente bem elaborado e embasado, nos preenche com a vitalidade da (re)descoberta daquilo que nos move. Como disse Honoré de Balzac, *"A chave de todas as ciências é, indiscutivelmente, o signo de interrogação"*. Através de perguntas chegamos a todas as descobertas, invenções, criações e reflexões que transformaram a humanidade. As perguntas certas podem, seguramente, levar também a incríveis transformações pessoais, principalmente se guiadas como uma conversa amigável que temos com nosso próprio ser.

Que esta leitura seja também um convite para que possamos manter uma postura curiosa perante a vida, com uma atitude de iniciantes, buscando novas perguntas cada vez que tivermos acessado todas as respostas. Afinal, na mente do iniciante há sempre muitas possibilidades, o que permite que ele se entregue a novas experiências com a mente aberta, mantendo um estado de encantamento com o momento presente, assim aquilo que ele já sabe não o afasta daquilo que ele ainda não sabe.

Minha gratidão a Kiko Kislansky por generosamente compartilhar seu conhecimento e sua inquietação através desta obra, que certamente será um canal de transformação.

SABRINA J. MÜLLER

Sabrina Müller é psicóloga, especialista em Psicologia Positiva, pós-graduada em Neurociência, professora de yoga e meditação. Fundadora do Projeto SOME - Saúde Organizacional, Mental e Emocional; e dos programas Mindful Leadership e Conscientemente.

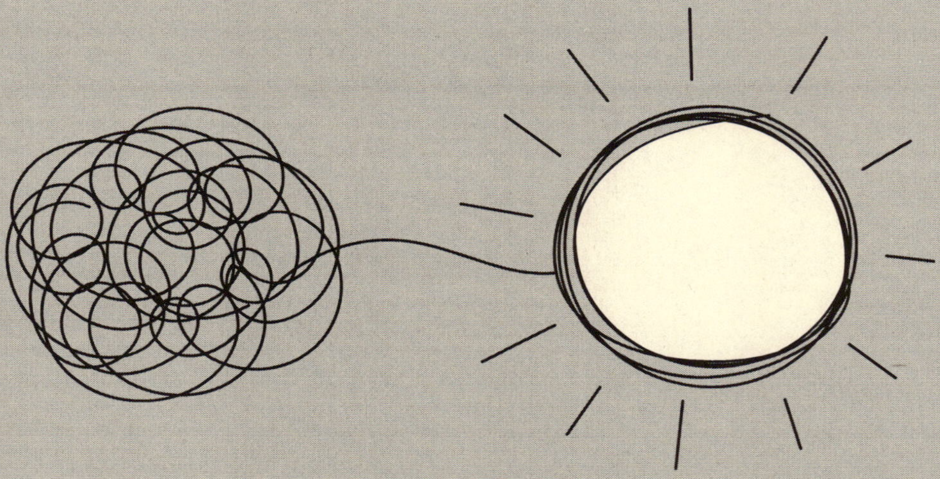

3.

A VIAGEM PARA DENTRO

Acredito que nós, seres humanos, temos sido estimulados a buscar as respostas para as nossas questões fora de nós mesmos. E minha intenção aqui é encorajar você a fazer o oposto. Não é difícil encontrar pessoas que viajam o mundo inteiro, mas não viajam pra dentro de si. Os passaportes, muitas vezes, estão marcados com carimbos de aeroportos de todos os continentes da Terra, mas a grande maioria das pessoas despreza o continente da alma e acaba nunca fazendo check-in no aeroporto do coração.

	Padrão Social	Novo Paradigma
Busca	Respostas Prontas	Novas Perguntas
Fonte	Mundo de Fora	Mundo de dentro

Quando queremos nos aprofundar em algo, fomos programados para procurar os sistemas digitais de buscas, onde perguntamos o que desejamos saber e geralmente acessamos a resposta que alguém construiu com base nas suas próprias experiências e crenças. Até mesmo na escola, somos estimulados a memorizar respostas prontas e transcrevê-las para as provas. Os melhores alunos costumam ser os que sabem todas as respostas. Porém, os melhores professores são aqueles que fazem as melhores perguntas nas provas. Nas avaliações escolares, somos valorizados e reconhecidos pelas respostas que memorizamos de fora pra dentro, e não pelos questionamentos que provocamos de dentro pra fora. Não é raro conhecer alunos (as) que são considerados (as) extremamente inteligentes por terem notas muito altas, mas que não têm a habilidade de provocar questionamentos profundos e significativos.

Mas a verdade é que este padrão não faz parte da nossa natureza como seres humanos. Ainda quando crianças, já éramos apaixonados por fazer perguntas. Se você se relaciona com crianças constantemente, sabe que fazer perguntas é uma das suas principais habilidades. Mas, infelizmente, nos momentos em que perguntávamos demais, não era raro ouvir algo do tipo: "Para de fazer tanta pergunta, menino (a)!".

"Por que?", esta é a pergunta universalmente preferida pelas crianças. Elas perguntam por que para tudo. Por que nós temos cabelos? Por que morremos? Por que o Homem Aranha solta uma teia das mãos? Por que eu preciso tomar banho? Por que não posso comer batata frita no café da manhã? Por que cai água do céu? E, infelizmente, a reposta que mais recebem é: "Porque sim". E realmente, como diriam as próprias crianças, "Porque sim" não é resposta.

Perceba que o ser humano já nasce questionador, buscador, investigador, explorador. Mas aos poucos, vamos aceitando que "as coisas são como elas são e pronto". E assim, infelizmente, vamos nos desconectando desta capacidade tão importante de explorar a nós mesmos e à própria vida, através de indagações relevantes. E talvez seja justamente por isto que vivemos uma grande crise de significado, onde focamos muito mais no que fazemos do que no sentido por trás do que realizamos nas nossas vidas. E é exatamente por isto que as perguntas têm uma missão tão importante na sociedade moderna. Imagine como seria o mundo se, para passar no vestibular, ao invés de apenas responder às questões apresentadas de forma "correta", os candidatos fossem avaliados pela capacidade de fazer perguntas revolucionárias para a sua futura profissão. Imagine como seria o mundo se, para ser contratado em uma empresa, você precisasse fazer um questionamento disruptivo que abre novas possibilidades e expande horizontes, ao invés de simplesmente ter que se encaixar em padrões e modelos de competência pré-estabelecidos. Imagine.

PERGUNTAS: UM ATIVO DESVALORIZADO

Certamente, não valorizamos as perguntas como deveríamos. Até mesmo no dia a dia, costumamos fazer perguntas de forma automática, sem intencionalidade e consciência. Por exemplo, perguntamos para as pessoas: "Como você está?", muitas vezes de forma robótica, sem perceber o quanto esta pergunta é profunda e essencial na construção das conexões humanas reais e genuínas.

Frequentemente, também, respondemos de forma automática, sem refletir, apenas para conseguir alguma aprovação social ou fugir de algum possível conflito. Parece-me que o poder das perguntas tem sido verdadeiramente desprezado, pela grande maioria da população.

Estamos esquecendo que temos uma espécie de oráculo interior, um GPS natural, uma fonte de sabedoria infinita e profunda dentro de nós mesmos, e que podemos acessá-la gratuitamente, a qualquer momento. Esta é uma habilidade treinável. Precisamos praticá-la. E quanto mais acessamos esta fonte, mais refinamos a sua assertividade. É preciso cultivar uma relação com nós mesmos, com nosso interior, para que possamos encontrar respostas cada vez mais preciosas. Só assim poderemos direcionar nossa vida de dentro pra fora, com base na nossa singularidade, e não nas tendências e imposições do mundo de fora.

E é justamente esta a intenção deste livro: encorajar você a olhar mais pra dentro do que pra fora. É preciso deixar claro: olhar para fora é fantástico, é fundamental, é fonte de inspiração e modelagem; mas as respostas mais incríveis podem ser encontradas nas "páginas" no nosso sistema de busca interno.

Acredite: perguntas não são apenas frases seguidas de um ponto de interrogação. Perguntas são pontes que transportam partes de nós do inconsciente para o consciente. E quando estamos mais conscientes destas partes de nós mesmos, podemos intensificar a nossa intencionalidade nas nossas ações. Assim, nos deslocamos do campo da ação e nos aproximamos mais do campo da intenção em nossas vidas. E isso é absolutamente transformador. Por exemplo: quando me tornei consciente do meu talento para dar palestras, comecei a palestrar com muito mais intencionalidade. E isso tornou minhas palestras muito mais poderosas.

Bom, você já deve ter percebido que este livro não foi desenvolvido para trazer respostas. Foi criado para trazer novas perguntas. Este livro é, essencialmente, um convite para você olhar pra dentro, valorizar a sua fonte de sabedoria interna e acessar respostas que podem lhe impulsionar para construir uma vida com mais significado e realização. Afinal, não nascemos apenas para sermos produtivos; nascemos para sermos significativos. E o significado está intimamente ligado ao fato de imergir em nós mesmos, para emergir com mais consciência no mundo.

A Ciência das Perguntas

Texto por Bianca Ramos — Head de Felicidade e Saúde Mental na Cazulo

Se você chegou até aqui e ainda não se convenceu de que responder perguntas escrevendo é um exercício poderoso, te convido a ler com cuidado e afinco as próximas linhas, pois elas foram escritas especialmente para você.

Como uma pessoa apaixonada por pesquisa e ciência, fiz questão de separar aqui alguns estudos importantes que irão clarear o impacto da escrita em nossas vidas.

Primeiramente, trago aqui a conclusão da pesquisa desenvolvida pela Neurocientista Audrey Van der Meer a qual escreve: "devido aos benefícios da integração sensório-motora, devido ao maior envolvimento dos sentidos, bem como movimentos manuais finos e precisamente controlados ao escrever à mão e ao desenhar, é vital manter ambas as atividades em um ambiente de aprendizagem para facilitar e otimizar o aprendizado."

Ainda, em outra vasta pesquisa, Van der Meer e Van der Wee conectaram alunos participantes do estudo a mais de 250 sensores que monitoravam seus sinais cerebrais, à medida que completavam tarefas envolvendo digitação e faziam anotações escritas a mão. O grande objetivo dessa pesquisa foi descobrir se escrever á mão ou digitar teriam impactos diferentes nas atividades cerebrais e se afetariam a capacidade de aprendizado dos alunos. Durante a pesquisa, foram encontradas evidências eletrofisiológicas diretas de que desenhar à mão ativa redes maiores no cérebro do que digitar em um teclado. Assim, como conclusão, Van der Meer afirma: "esta diferença de atividade é realmente significativa. Ela nos diz que usar uma caneta para tomar notas significa que o cérebro é capaz de processar a aprendizagem de uma forma muito mais eficaz".

Por fim, no livro The Writing Cure, os autores trazem exemplos de como a escrita expressiva, uma forma específica de escrever muito utilizada em processos terapêuticos, pode melhorar o sistema imunológico e a função pulmonar, diminuir o sofrimento psicológico e melhorar os relacionamentos.

Impressionante, não é mesmo? Imagino que você pode estar refletindo sobre como escrever pode impactar tão fortemente nosso dia a dia. E é isso mesmo. A escrita é realmente poderosa. Seus benefícios são imensuráveis.

Se até esse momento você não tinha separado uma caneta para responder as perguntas que este livro vai apresentar, te convido a, assim que chegar ao final deste tópico, parar por alguns minutos a leitura e, realmente, garantir a sua caneta ou lápis, o que preferir. Afinal, como você mesmo pôde perceber, isso fará a diferença na sua jornada.

Com carinho,

Bianca Ramos.

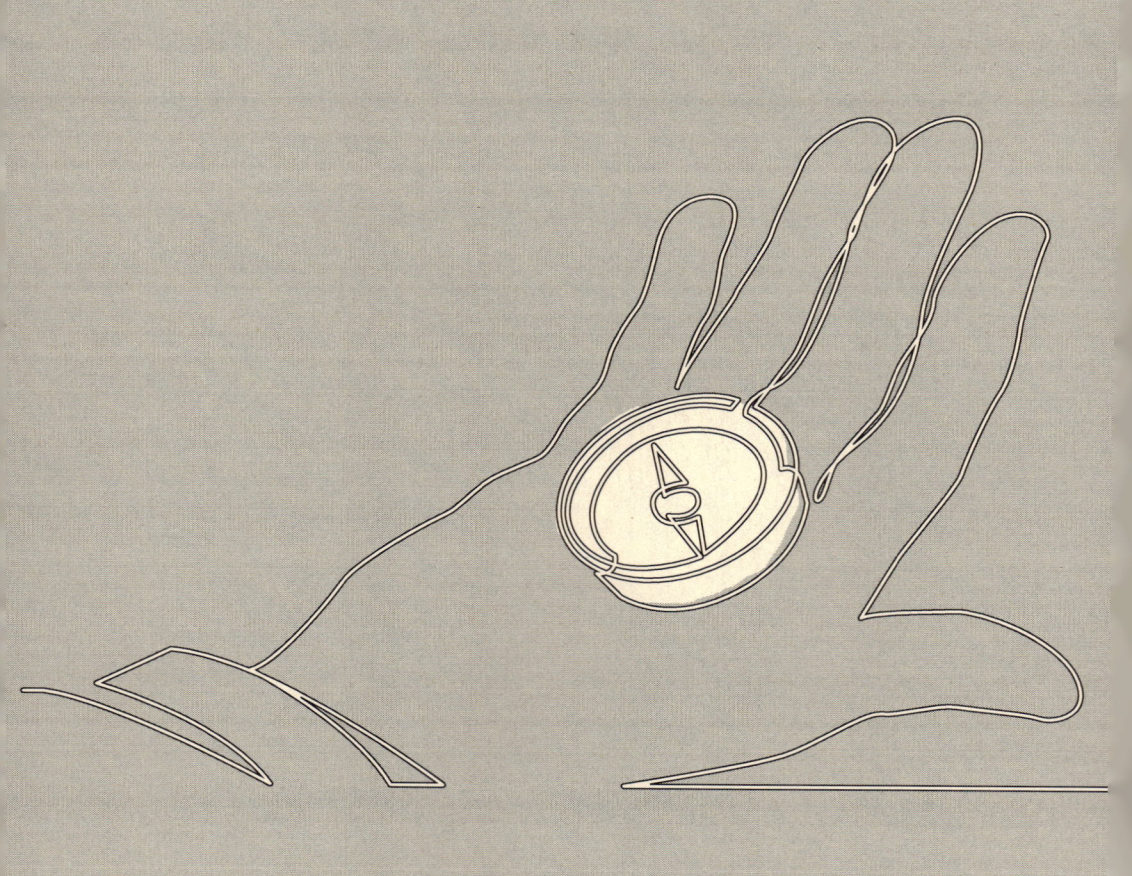

4.
O PROPÓSITO DAS PERGUNTAS

Quem eu sou? De onde eu vim? Para onde vou? Qual é o sentido da vida? Provavelmente, você já se fez alguma dessas perguntas ao longo da vida. Afinal, questionar é um ato revolucionário. É uma grande alavanca para a humanidade e para a nossa própria evolução individual, pois nos encoraja a retornar para a essência infinita do nosso próprio ser.

É por meio das perguntas, que somos encorajados a fazer questionamentos para acessar camadas mais profundas da nossa consciência, que por muitas vezes nos passam despercebidas. Acredito que o ponto de interrogação tem um propósito elevado: a expansão da consciência humana. Portanto, as perguntas são fortes aliadas do conhecimento, da sabedoria, e da evolução da humanidade como um todo.

Imagine como seria o mundo se ninguém tivesse perguntado: "o que podemos fazer para nos comunicarmos, mesmo estando distantes fisicamente?", ou "e se tivéssemos um objeto redondo para facilitar nosso transporte?". Através de perguntas, nasceram o celular, a luz, a roda e tantas outras coisas que fazem a diferença nas nossas vidas. E ainda: o que seria da lagarta, se ela não tivesse se perguntado: "e se eu pudesse voar?".

Experimente olhar para as inovações ao seu redor e se perguntar: quais foram as perguntas que originaram esta criação? Você se surpreenderá com as respostas que pode alcançar. Busque chegar às raízes das grandes realizações da humanidade, e você certamente perceberá que ali havia uma pergunta revolucionária e significativa. Esta prática vai te ajudar a valorizar ainda mais o poder das perguntas.

Na **filosofia**, disciplina considerada como a grande mãe da sabedoria humana, as perguntas sempre foram grandes protagonistas. As construções de ideias filosóficas, que são úteis para as nossas vidas, costumam partir de grandes questionamentos. Portanto, a aprendizagem mais significativa é aquela que emerge dos questionamentos mais significativos. Poderíamos dizer que perguntar é "cultivar uma atitude filosófica" perante a vida.

Diversos filósofos, ao longo da história, defendiam o poder do questionamento e a força que as perguntas têm na construção do ser humano. Sócrates, especialmente, disseminava a importância das perguntas de forma ampla em sua jornada. Ele acreditava que o questionamento é o principal instrumento de todo filósofo. Não à toa, ele dizia: "Só sei que nada sei".

As famosas "perguntas socráticas" eram utilizadas para conduzir diálogos eficientes, confortáveis e empáticos. A maiêutica socrática é definida como um processo que "dá luz ao conhecimento". É como se nós fossemos gestantes de um conhecimento profundo e as perguntas contribuíssem para o parto deste conhecimento. Ainda sobre "dar à luz", há uma frase anônima interessante que encontrei nas redes sociais: *"os seres humanos não nascem só de suas mães; a vida os obriga a dar à luz a si mesmos várias vezes."*

O método *socrático,* basicamente, consiste na multiplicação de perguntas, que estimulam o receptor a descobrir suas próprias verdades. A ideia de Sócrates baseava-se na visão de que o conhecimento está adormecido no nosso interior, e pode despertar através de perguntas "abertas". Perguntas "abertas" são aquelas que não podem ser respondidas com "sim" ou "não", ou seja, exigem argumentação e provocam reflexão profunda. Já Aristóteles, compartilhava: "O ignorante afirma. O sábio duvida. O sensato reflete.". Nietzsche também defendia o poder das perguntas: "Não há fatos eternos, como não há verdades absolutas. Por isso, continue perguntando para progredir com o conhecimento!"

Ainda, no século IV, Santo Agostinho disse:

"Os homens seguem maravilhados com as grandes alturas das montanhas, com as gigantescas ondas do mar, com as amplas corredeiras dos rios, os vastos limites dos oceanos, as trajetórias das estrelas, e passam por si próprios sem maravilhar-se."

Essa maravilha é a "centelha divina" presente em cada ser humano, o tesouro escondido que precisa ser descoberto. E as perguntas são grandes aliadas desta jornada em busca do tesouro interior.

Hoje, diversas abordagens terapêuticas utilizam o poder das perguntas. Ainda, profissionais de gestão de pessoas, coaches, pais, educadores, líderes e vendedores têm ampliado seus desempenhos com conversas baseadas em perguntas significativas e estratégicas. No artigo "O poder surpreendente das perguntas", publicado em Harvard Business Review e escrito por Alison Wood Brooks e Leslie K. John em 2018, as autoras afirmam: "Questionar impulsiona a inovação e a performance, além de construir mais confiança entre os membros da equipe".

Ainda, Dale Carnegie (escritor best-seller e consultor norte-americano) afirmava: "ao invés de dar ordens diretivas, faça perguntas". Ele defendia que as perguntas estimulavam a criatividade e faziam as pessoas se sentirem pertencentes ao processo de tomada de decisão nos negócios. Líderes empresariais, geralmente, estão condicionados a pensar que precisam sempre ter as melhores respostas para as questões que surgem, mas cada vez mais tem ficado claro que dominar a arte de perguntar é absolutamente essencial para a liderança do futuro.

Portanto, muito além de serem úteis para o nosso autoconhecimento, as perguntas são poderosas ferramentas para alcançarmos mais resultados nas mais diversas áreas das nossas vidas.

"Eu procurei em templos, igrejas e mesquitas, mas encontrei o Divino dentro do meu coração"

RUMI

Uma história pessoal

Quando eu estava fazendo intercâmbio nos Estados Unidos, com 15 anos de idade, vivi um momento desafiador com a família que me hospedava no Texas. O pai da família era extremamente agressivo e acabou criando uma grande confusão comigo. Logo após o ocorrido, eu resolvi sair da casa e decidi que iria voltar ao Brasil.

Porém, o assistente técnico do time de futebol de que eu fazia parte, me ligou e me fez uma pergunta. O nome dele é Frank, Frank Thom. Ele, sua esposa Rowena e seus filhos Ryan e Jeremy são algumas das pessoas mais incríveis que já conheci na vida. Frank, especificamente, exerceu influência direta na minha conexão com o meu propósito de vida.

A pergunta que ele me fez, durante aquela ligação, possivelmente mudou completamente o rumo da minha vida. Eu estava pronto para desistir do intercâmbio e voltar ao Brasil, pois estava extremamente frustrado com a violência psicológica (e quase física) que havia sofrido. E a pergunta de Frank foi simples e poderosa: "Kiko, você realmente está disposto a desistir de um sonho por conta do seu primeiro obstáculo? Como seria se você pudesse dar a volta por cima e concluir este capítulo da sua vida com um outro significado?".

Lembro-me como se fosse hoje. Aquilo ativou em mim um desejo intenso de vencer aquele desafio e continuar minha jornada até o fim, pois ainda faltavam 3 meses para finalizar o intercâmbio. Bom, o resultado você já deve imaginar: Frank me convidou para me mudar para a casa da família dele e terminar minha experiência de intercâmbio por lá. Claro, eu aceitei. E foi uma das melhores decisões da minha vida.

Mas, quando cheguei lá, percebemos que havia outro problema: a escola que ficava perto da casa do Frank (lá, você só pode estudar na escola que fica perto da sua casa) não estava aceitando estudantes internacionais naquele semestre. E aí, novamente Frank utilizou o poder da pergunta, ao conversar com o diretor da escola: "O que acha de fazermos a diferença na vida deste jovem, para que ele não precise encerrar este capítulo de sua vida antes de chegar ao fim dele?". Sim, fui aceito na escola e vivi momentos incríveis ao lado de Frank e toda a sua família no Texas.

Quando eu estava indo pro aeroporto, para voltar para o Brasil, Frank me proporcionou um ensinamento e me deu uma carta. Ele me disse que há dois tipos de pessoas no mundo: as que deixam o ambiente melhor quando entram, e as que deixam o ambiente melhor quando saem. Logo, ele me perguntou: "Que tipo de pessoa você vai escolher ser na sua vida?". E finalizou dizendo que ele esperava ter-me inspirado a ser sempre o primeiro tipo de pessoa. Aproveito para deixar registradas aqui toda a minha gratidão e apreciação pela existência desta família, que vou amar para sempre.

> "O líder do passado era uma pessoa que sabia responder. O líder do futuro será uma pessoa que sabe perguntar."

PETER DRUCKER

Pergunto, logo existo

Com você já deve ter notado, eu sou fã das perguntas. Acredito que respostas prontas nos acomodam. Já as perguntas significativas abrem os horizontes da alma e nos convidam a sair da zona de conforto. Como já disse, é através delas que surgem as grandes revoluções na sociedade. Este livro, inclusive é resultado de uma pergunta que fiz pra mim mesmo: "E se eu transformasse as perguntas que costumo usar nos meus treinamentos e processos de autoconhecimento em um livro, onde o leitor fosse na verdade o coautor?". As perguntas têm o poder de direcionar nossa atenção e canalizar energia para determinadas questões. Imediatamente, elas abrem um portal infinito de possibilidades, que amplia nossa visão sobre o mundo de dentro e o mundo de fora. Tony Robbins, considerado atualmente um dos maiores especialistas mundiais em desenvolvimento humano, afirma constantemente que a qualidade da nossa vida depende da qualidade das perguntas que fazemos.

Aquele que está focado apenas em responder e se recusa a fazer novas perguntas, retrai os horizontes da sua própria evolução. Os horizontes da nossa evolução se expandem proporcionalmente ao quanto nos percebemos no lugar de aprendizes. E as perguntas são aliadas de todo (a) eterno (a) aprendiz. Acredite: uma pergunta significativa pode ser o que está separando você da sua mais desejada realização.

> ## Para se inspirar
>
> *O jovem americano Sam Berns nasceu com uma doença que afeta **uma em cada 4 a 8 milhões de crianças**, chamada Progeria. Esta doença, extremamente rara, causa envelhecimento precoce em crianças e adolescentes, e ainda não há cura para esta condição. Apesar dos grandes desafios, Sam se tornou extremamente conhecido, por inspirar pessoas a ressignificarem a Progeria ao redor do mundo. Ele ficou muito conhecido através da sua palestra "Minha filosofia para uma vida feliz", realizada em uma edição do TEDx (uma conferência global de palestras de curta duração e alto impacto). Sam não consegue carregar muito peso, mas gostaria muito de tocar na banda da escola. Por isso, se perguntou: "Como posso construir uma caixa leve o suficiente que me permita tocar na banda com meus ami-*

gos?". Esta pergunta, abriu um mundo de possibilidades para Sam, e ele conseguiu montar, de forma criativa, um "instrumento" extremamente leve, que lhe permitiu fazer parte da banda da escola.

Uma simples pergunta mudou completamente o foco da situação. E, a partir daí, ele começou a canalizar energia para exercer sua criatividade e encontrar uma solução. As perguntas significativas têm o poder de impulsionar a construção de emoções positivas e, consequentemente, ativar comportamentos que fazem a diferença na nossa vida.

KIKO KISLANSKY

A pergunta impulsiona o desejo de ir além

"A felicidade só pode ser encontrada dentro de nós"
EPICTETO

Acredito que a pergunta é um reflexo da nossa inconformidade com o que se apresenta, com o que se percebe, com o estado atual da vida. A pergunta impulsiona o desejo de ir além, de enxergar além, de conhecer mais, de ser mais. Através das perguntas, enxergamos o mundo com olhos de buscadores e relembramos que estamos aqui para evoluir. Instalar a filosofia das perguntas em nossas vidas é instalar a lente de eterno principiante.

Ainda, perguntar é uma estratégia poderosa para se libertar da mediocridade; dos padrões que foram impostos como verdades por um sistema social que apresenta mais respostas prontas do que questionamentos profundos. Questionamentos significativos promovem mudanças significativas. Questionamentos significativos desafiam o status quo e ajudam a quebrar paradigmas ultrapassados que já não nos servem mais. Sem perguntas, o potencial humano simplesmente adormece. Quem não faz novas perguntas, acaba vivendo, inconscientemente, de acordo com respostas que são frutos de perguntas baseadas em paradigmas ultrapassados.

Considero importante refletir sobre o fato de que há uma relação direta entre fazer perguntas significativas e confiar na nossa intuição, que é a principal fonte das respostas para estas perguntas. A palavra intuição vem do latim *intueri*, que significa considerar, ver interiormente ou contemplar. É uma capacidade sublime, que todos temos, de considerar possibilidades e caminhos sem qualquer intervenção racional ou analítica.

Grandes líderes espirituais, cientistas, psicólogos, professores e filósofos têm mergulhado em estudos e pesquisas sobre intuição. Por exemplo, Albert Einstein, pai da teoria da relatividade, teria dito que, se tivesse uma hora para resolver um problema e sua vida dependesse dele, investiria 90% do tempo para determinar a pergunta apropriada a fazer. Então, com as perguntas apropriadas, conseguimos direcionar energia para acessar respostas relevantes para nossas vidas. Muitas vezes, não temos determinadas respostas que tanto queremos, justamente pelo fato de não termos encontrado as melhores perguntas.

História pessoal

Lembro-me de uma vez em que estava na sede da Arte de Viver (fundação internacional que foca na redução do stress e da violência, através de programas de autoconhecimento e meditação), em Bangalore, na Índia. Eu e minha mãe estávamos participando de um curso avançado, chamado "A Arte do Silêncio", no qual ficamos cerca de 3 dias em silêncio absoluto. Havia cerca de 200 pessoas de diversas nacionalidades diferentes, conectadas pelo desejo de evoluir como seres humanos. Durante a experiência, algo me chamou muito a atenção: a instrutora do curso, além das práticas de meditação, yoga e respiração, compartilhava muita sabedoria com todo o grupo, através das suas palavras; mas, antes dos intervalos, geralmente ela lançava uma pergunta significativa para que pudéssemos processar. E eu percebi que as principais respostas que encontrei não vieram através dos momentos de compartilhamento pelas palavras dela, mas sim através dos momentos de conversa interior comigo mesmo, que foram fruto das perguntas que ela lançou.

Em seu livro "Intuição", Osho afirma que a intuição é o saber que vai muito além da lógica, ou seja, **é aquilo que transcende explicações racionais.** Provavelmente, você já passou por uma situação em que alguém te perguntou: "Por que você escolheu este caminho?", e você respondeu: "Eu senti que precisava escolhê-lo."

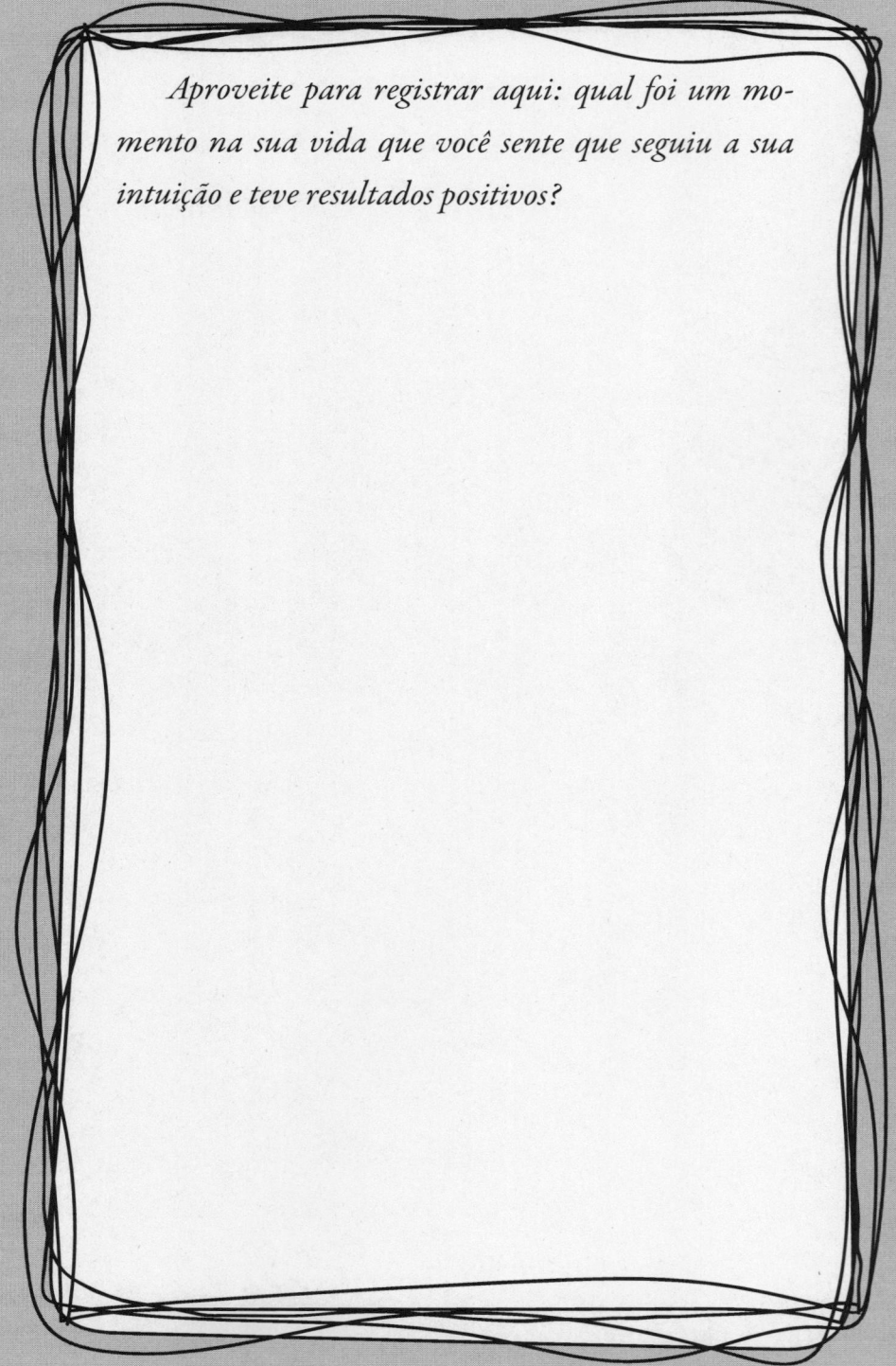

Aproveite para registrar aqui: qual foi um momento na sua vida que você sente que seguiu a sua intuição e teve resultados positivos?

Ainda, Krishnamurti (filósofo e educador indiano) afirmava que "a intuição é o sussurro da alma". Portanto, precisamos conectar o "fone de ouvido" ao nosso aparelho interior, e não apenas aos nossos aparelhos celulares, para poder escutá-la. É preciso silenciar a mente, que está constantemente cheia de ruídos e interferências, para escutar o tal "sussurro da alma". É justamente por isso que as práticas de meditação e respiração são grandes aliadas do refinamento da intuição.

Já o escritor e pesquisador Malcolm Gladwell, em seu livro "Blink", se baseia em estudos psicológicos e neurológicos sobre nossa capacidade de decidir rapidamente através da nossa intuição, e fazer escolhas sem racionalizar com tanta intensidade. Malcolm defende que o cérebro humano se baseia em duas estratégias para tomar decisões. Uma delas é a análise consciente e lógica de informações, que aponta vantagens e desvantagens para chegar a uma conclusão racional através de análises críticas. Este processo acontece de forma mais lenta e consome mais energia do cérebro.

Já a segunda estratégia é mais rápida e é baseada em percepções intuitivas; por isto somos capazes de tomar uma decisão de forma extremamente veloz. Portanto, quando você precisa tomar uma decisão rápida, o cérebro usa a sua intuição para esta tarefa. Basicamente, a conexão do cérebro com a intuição é muito mais veloz do que com a dimensão analítica. É por isto que muitas vezes nós sentimos que já sabemos a resposta para algo, mas seguimos analisando os prós e contras, racionalmente.

E o que isto tem a ver com este livro? Bom, acredito que o processo de auto investigação é uma excelente estratégia para fortalecer a intuição e compreender melhor como ela funciona na sua vida. Portanto, também intenciono que este livro seja uma forma de ativar a sua intuição.

"A melhor visão é a intuição"

THOMAS EDISON

Todos nós passamos por processos intuitivos, mesmo que involuntariamente, para tomar decisões e fazer escolhas durante a nova vida. Porém, acredito que a maioria das pessoas ainda considera a intuição um conhecimento de risco, uma fonte que traz respostas pouco confiáveis; inclusive, muitas pessoas acreditam que a intuição é algo completamente descartável.

Geralmente, as pessoas que pensam assim tendem a ser mais inseguras quanto ao que emerge do seu próprio interior. Essa insegurança costuma ser resultado da falta de autoconhecimento e de resultados positivos gerados por decisões tomadas com base em respostas intuitivas. É justamente o resultado positivo que alcançamos através das escolhas intuitivas, que nutre nossa confiança na nossa intuição.

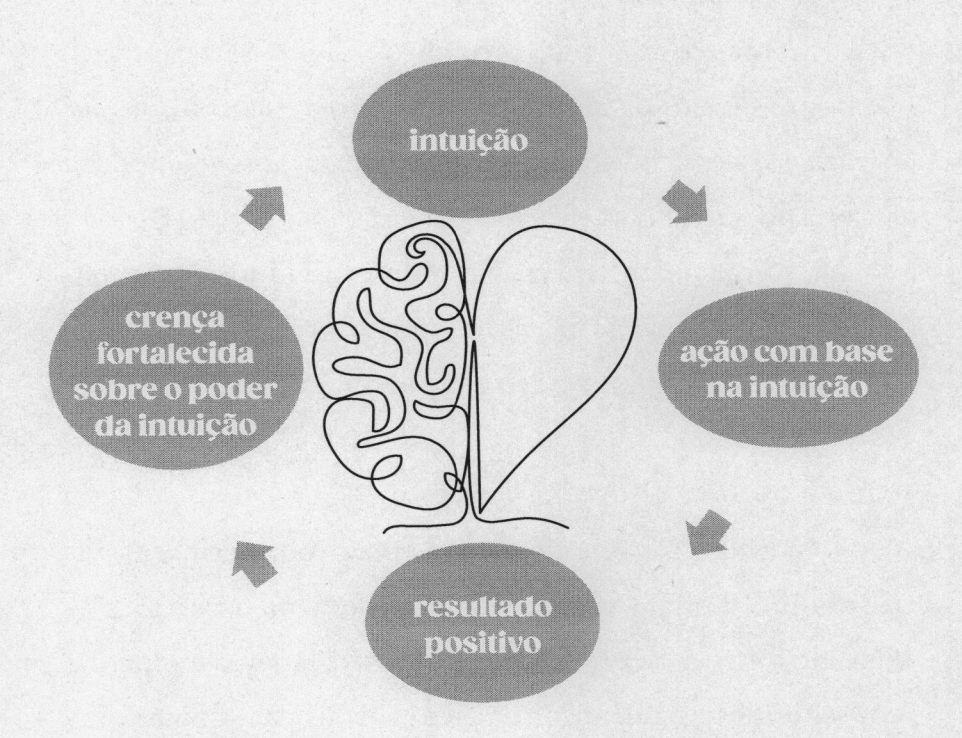

É importante lembrar que viver nosso propósito de vida está diretamente ligado a confiar na nossa intuição. Como diria Richard Barrett, em seu magnífico trabalho acerca dos níveis de consciência, nossa mente tem dois donos: ego e alma.

Nós não somos corpos que têm uma alma; somos uma alma que tem um corpo e um ego. Nosso ego tem a necessidade da aprovação social; já a nossa alma tem o desejo profundo de expressar seus talentos a serviço do mundo de forma autêntica. E a conexão com nossa intuição é indispensável para acessarmos os desejos da alma e gerenciarmos as necessidades superficiais do ego, que está mais conectado à nossa identidade ilusória do que à nossa verdade mais íntima.

Na minha experiência, guiando indivíduos em jornadas de descoberta e ativação de propósito, pude concluir que aqueles que mais valorizam e confiam em sua intuição tendem a ter mais coragem para dizer "sim" para sua autenticidade.

Não quero ser repetitivo, mas preciso reafirmar: a intuição nos ajuda a viver uma vida "de dentro pra fora" e não "de fora pra dentro". Com uma intuição mais refinada, conseguimos extrair informações cruciais para guiar nossa jornada de forma significativa. Este processo de refinamento é uma prioridade na vida das pessoas mais realizadas e plenas que eu conheço.

Para além, acredito que, ao ampliarmos a conexão com a nossa intuição, reduzimos as chances de gerar danos ao mundo e aos outros. Creio que teríamos menos violência, por exemplo.

Afinal, a essência do ser humano está ligada a contribuir e não a destruir. Nossa intuição nos aproxima desta essência e nos afasta de comportamentos tóxicos e prejudiciais ao mundo. O que quero dizer com isso é que, se as pessoas que cometeram os atos mais terríveis na história da humanidade tivessem uma conexão mais intensa com sua intuição, perceberiam que aquele ato não deveria ser cometido, pois a fundação da intuição é o amor.

É importante lembrar que o "excesso" de intuição também pode ser uma interferência na nossa jornada. Assim como o excesso de sol, que é fonte de energia vital, mas também pode nos queimar, a intuição precisa ser bem gerenciada.

Particularmente, acredito que é o próprio refinamento da intuição que nos permite compreender quando estamos diante de uma resposta "excessivamente intuitiva" ou não. O que quero dizer com resposta "excessivamente intuitiva" é que muitas vezes a conexão desequilibrada com a intuição pode também nos cegar para determinadas questões mais racionais e materiais, que precisam ser consideradas para manter nossa sobrevivência e segurança. Por isto é tão importante estabelecer o equilíbrio entre ego e alma, para a nossa transformação pessoal.

E você: o que pensa sobre intuição? O que a sua intuição lhe fala sobre o poder da intuição?

_____
_____
_____

Como você avalia a sua relação com a sua intuição?

_____
_____
_____

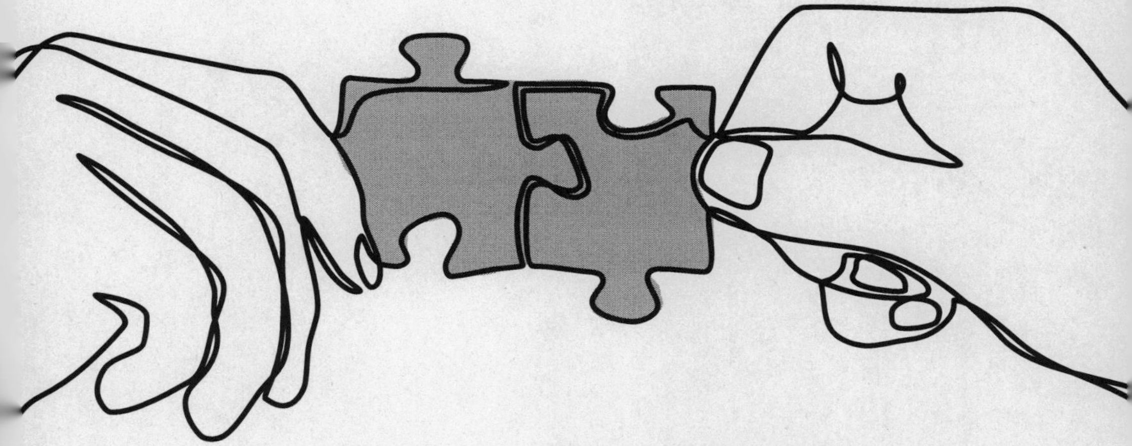

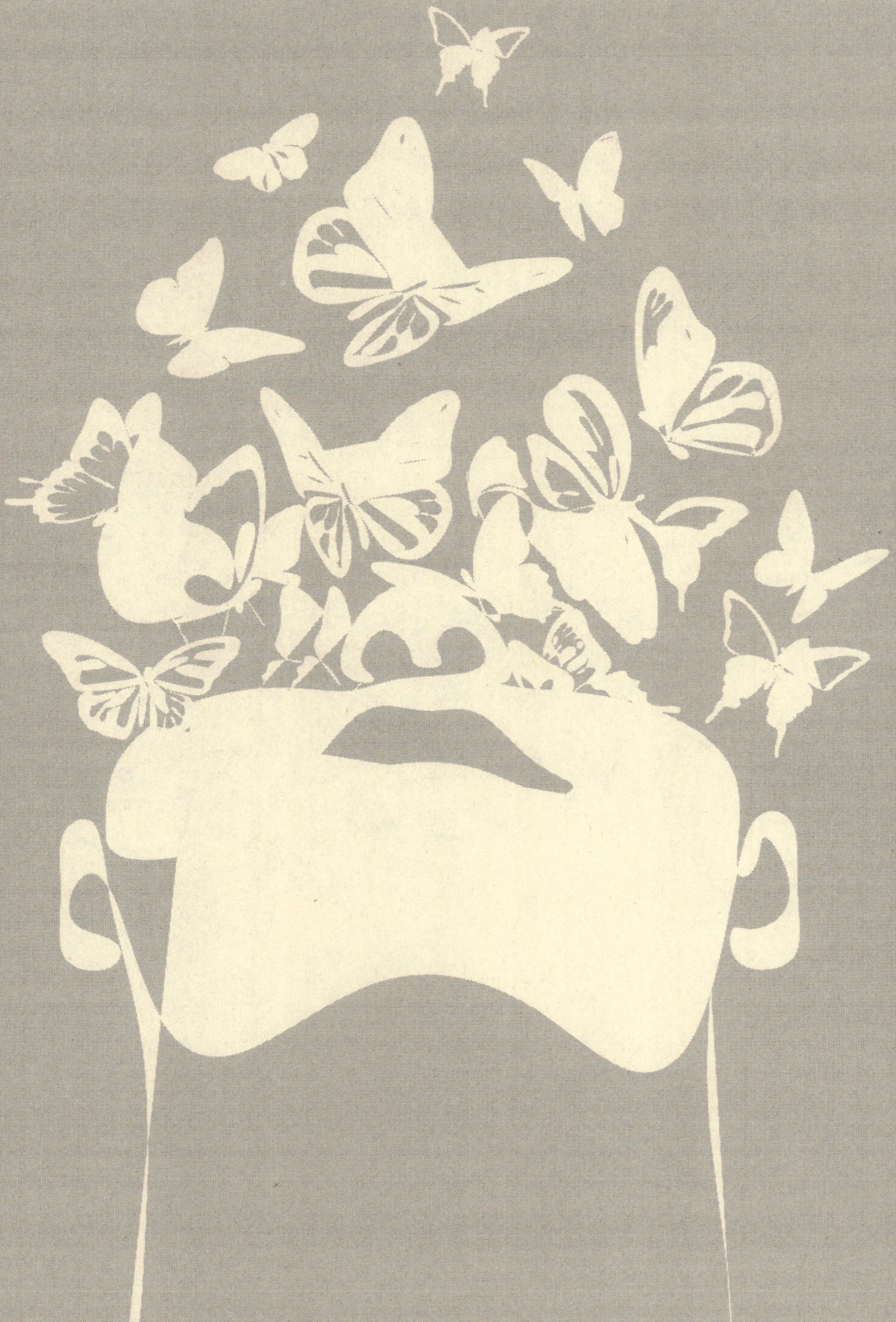

5.
DICAS DE USO

"Contemple o mundo com novo frescor, com olhos de principiante. Saber que você não sabe e estar disposto a admitir isso, sem desculpas nem acanhamento, é ser forte de verdade e preparar o terreno para aprender e progredir em qualquer atividade."

EPICTETO

Como você já deve ter notado, este é um livro diferente. É um livro que vamos escrever juntos, a partir de agora. É simples: eu faço as perguntas e você busca as respostas na sua fonte interior. E assim a consciência expande, a sabedoria floresce, e nós evoluímos juntos. Combinado?

Antes de iniciar a parte prática e central do livro, onde você terá uma página para responder a cada uma das 108 perguntas que selecionei carinhosamente para você, gostaria de compartilhar alguns aspectos importantes.

Bom, acredito que há três formas de aproveitar este livro.

1. **FORMA ESTRUTURADA:** nesta forma, você começa respondendo à primeira pergunta; depois vai para a segunda, depois para a terceira, e assim por diante, até à última pergunta, como se fosse um diário. Tudo isso acontece no seu ritmo e tempo, mas seguindo a sequência das perguntas.

2. **FORMA ALEATÓRIA:** nesta forma, você deixa o livro próximo a você e, quando sentir que deseja se conectar com você mesmo, simplesmente abre uma das perguntas e a responde conscientemente.

3. **SUA FORMA:** nesta forma, você inventa como quer conduzir a jornada! Isso mesmo. Use a criatividade, saia da caixa, deixe o coração falar e construa sua própria forma de aproveitar o livro, com toda a sua originalidade.

Independente da forma escolhida, você poderá responder uma pergunta por dia ou uma por semana e refletir sobre esta pergunta ao longo das suas atividades. Também pode ser interessante fazer a pergunta no começo da manhã, refletir sobre ela ao longo do dia e registrar sua resposta no livro no final do dia, antes de dormir.

Para quem acredita no poder dos sonhos, é interessante refletir sobre a pergunta antes de dormir; ao longo da noite, respostas podem surgir através dos seus sonhos. Sinta-se também à vontade para levar estas perguntas para suas práticas de meditação e auto-observação. Caso você tenha rituais matinais ou noturnos, pode ser interessante encaixar uma das perguntas, aleatoriamente, no seu processo de interiorização, seja através de meditação, oração, contemplação ou visualização.

Agora, veja algumas dicas que preparei para você potencializar sua jornada. Use-as se desejar.

1. Pratique a respiração consciente, ao longo da leitura das perguntas, para acessar as respostas com mais presença. Prepare o terreno para as perguntas. Elas são como sementes: se o terreno estiver saudável, a tendência é que os frutos sejam mais nutritivos.

2. Pratique o não-julgamento das respostas; não resista ao que surgir naturalmente.

3. Compartilhe suas respostas com sua rede de apoio, as pessoas que você ama e nas quais confia, e estabeleça conversas significativas a partir delas.

4. Conduza rodas de diálogo no seu trabalho, com as perguntas propostas. Convide os participantes a compartilhar suas respostas sobre a pergunta, um de cada vez, de forma autêntica. Convide os que não estão falando, para que pratiquem a escuta ativa e compassiva. Escutar o outro pode ser uma excelente forma de também escutar a si mesmo. Há muito de nós no outro, assim como há muito do outro em nós.

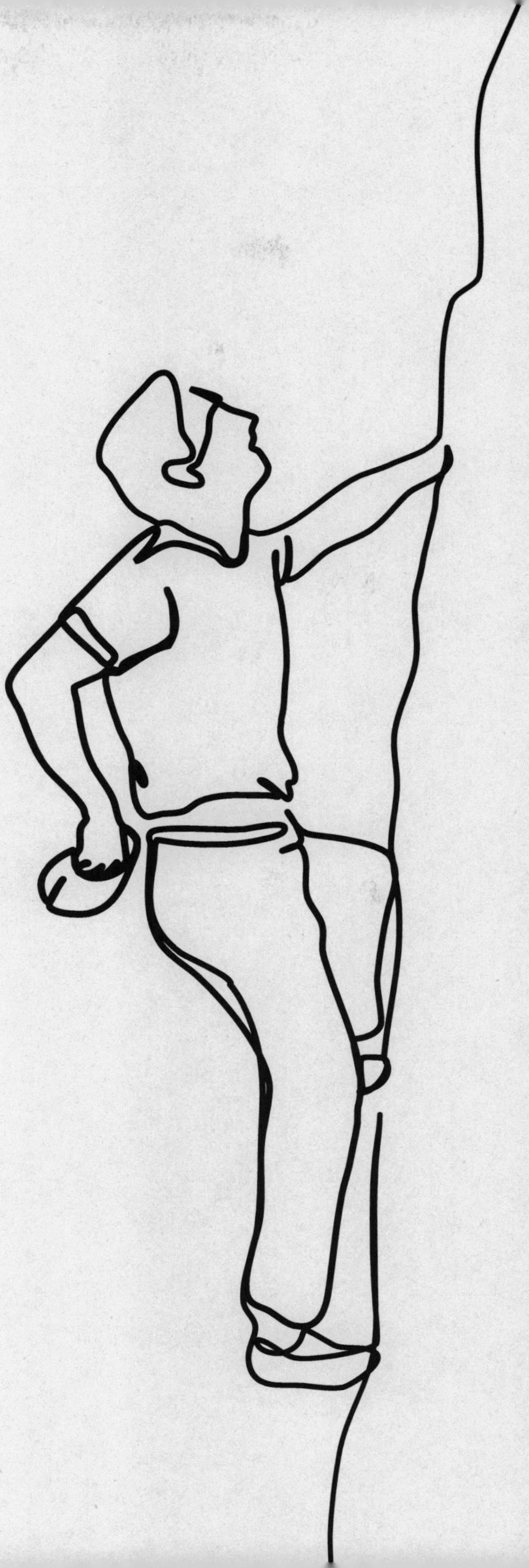

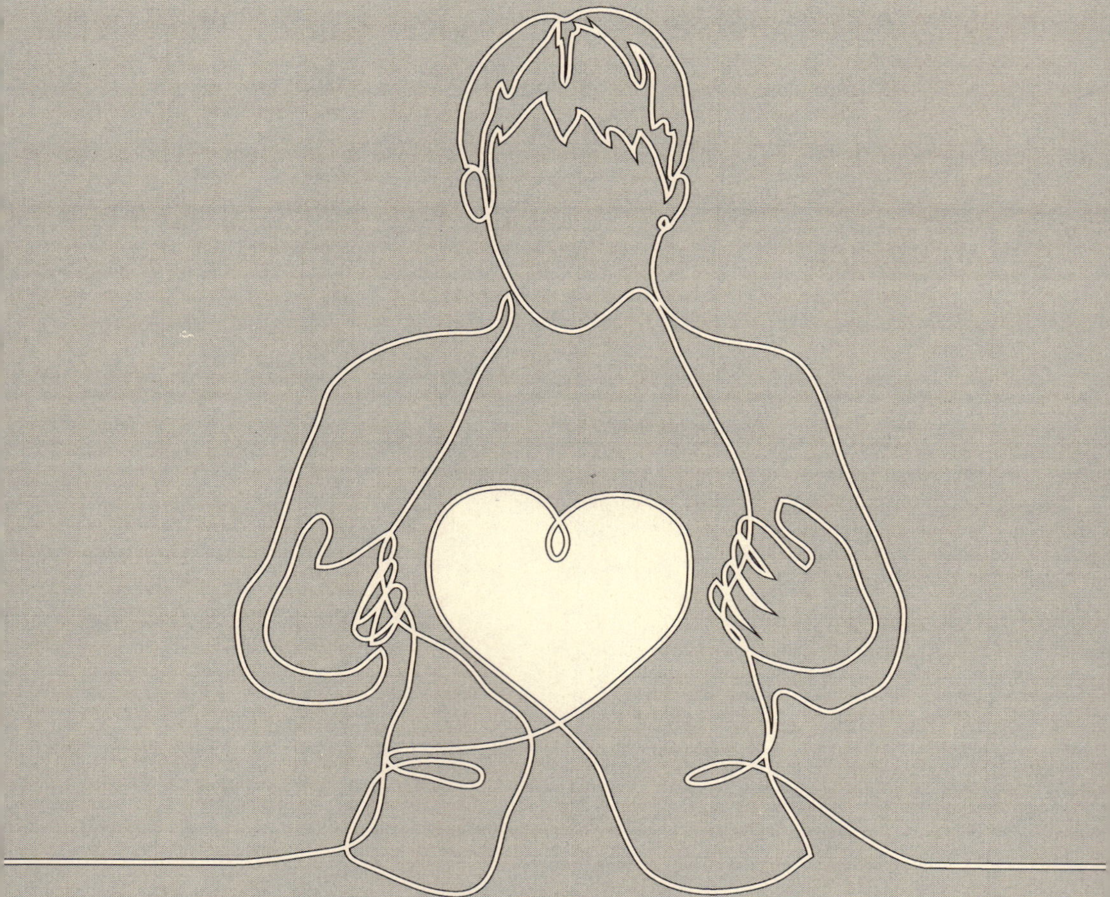

6.

AS 108 PERGUNTAS

Chegou a hora. Deixe o coração falar. Conecte-se com a sua intuição. Reflita. Aprofunde. Desfrute de cada porta que se abre, através de cada pergunta apresentada nas próximas páginas. Investigue a si mesmo. Deguste o sabor de cada questionamento e celebre cada expansão de consciência. Perceba cada sensação que as reflexões provocam em você. Deixe-se ser levado pelo desejo de evoluir e ser ainda mais aquele que você nasceu para ser.

Nosso acordo:

De um lado, a minha pergunta.
Do outro, a sua resposta.

Leia cada pergunta com presença plena. Veja como ela chega até você. Perceba em que estado ela encontra você. Enxergue-a como uma amiga que o está convidando para um passeio. Um passeio que não tem destino pré-estabelecido. Um passeio sem roteiros ou padrões. Um passeio pra dentro. Não precisa ter pressa. Aproveite a jornada, olhe para os lados, contemple, observe e sinta.

A SAÍDA É PARA DENTRO

Quando for responder às perguntas, sinta-se livre. Risque. Apague. Rabisque. Rasgue. Descarte. Corte e cole. Desenhe. Pinte. Beije. Amasse. Tire fotos e mande para quem você desejar. Compartilhe nas redes sociais. Transforme respostas significativas em cartões e envie para alguém. Apague tudo e comece de novo. Seja livre. Seja você. Você tem em mãos muito mais do que um livro: um instrumento de autoconhecimento e liberdade de expressão.

O CICLO DAS PERGUNTAS SIGNIFICATIVAS

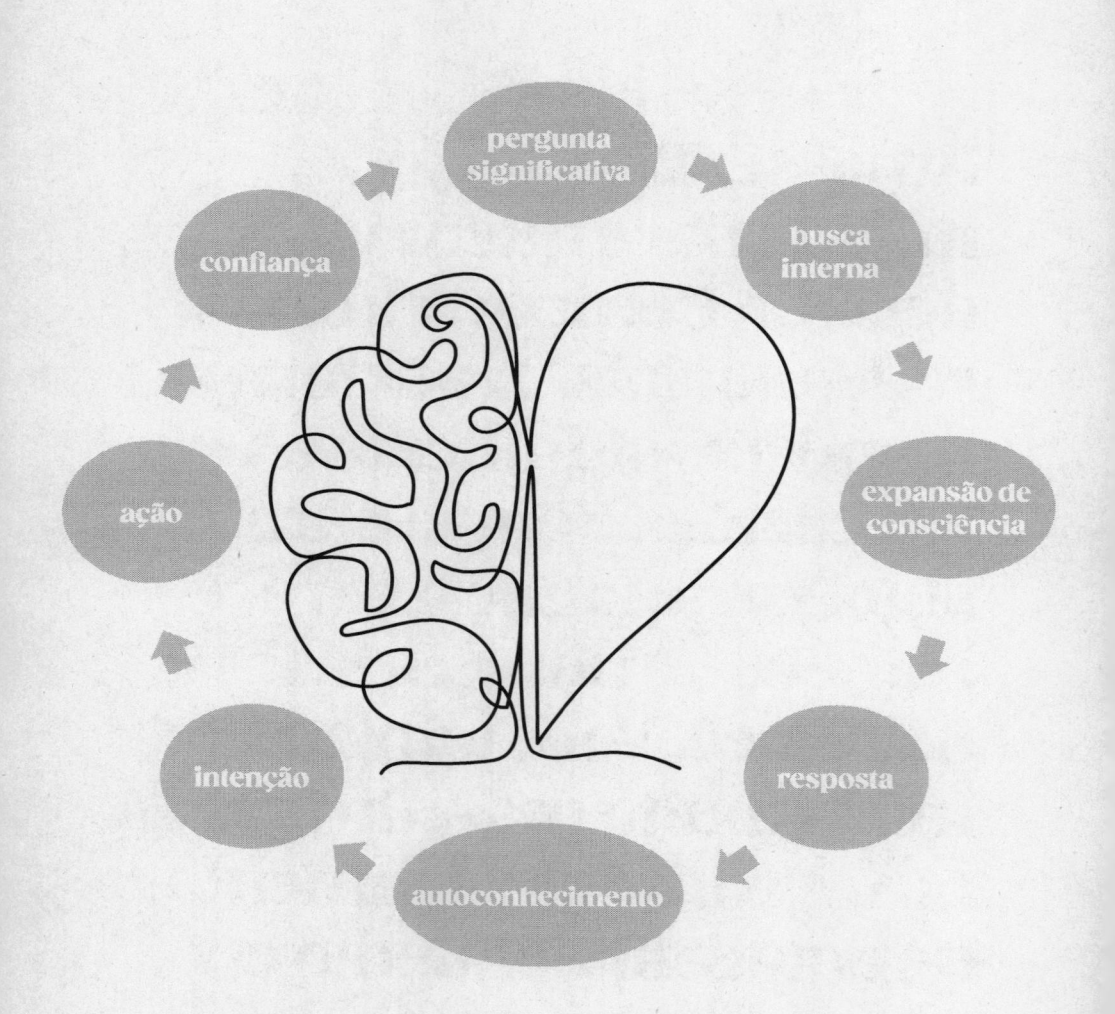

- pergunta significativa
- busca interna
- expansão de consciência
- resposta
- autoconhecimento
- intenção
- ação
- confiança

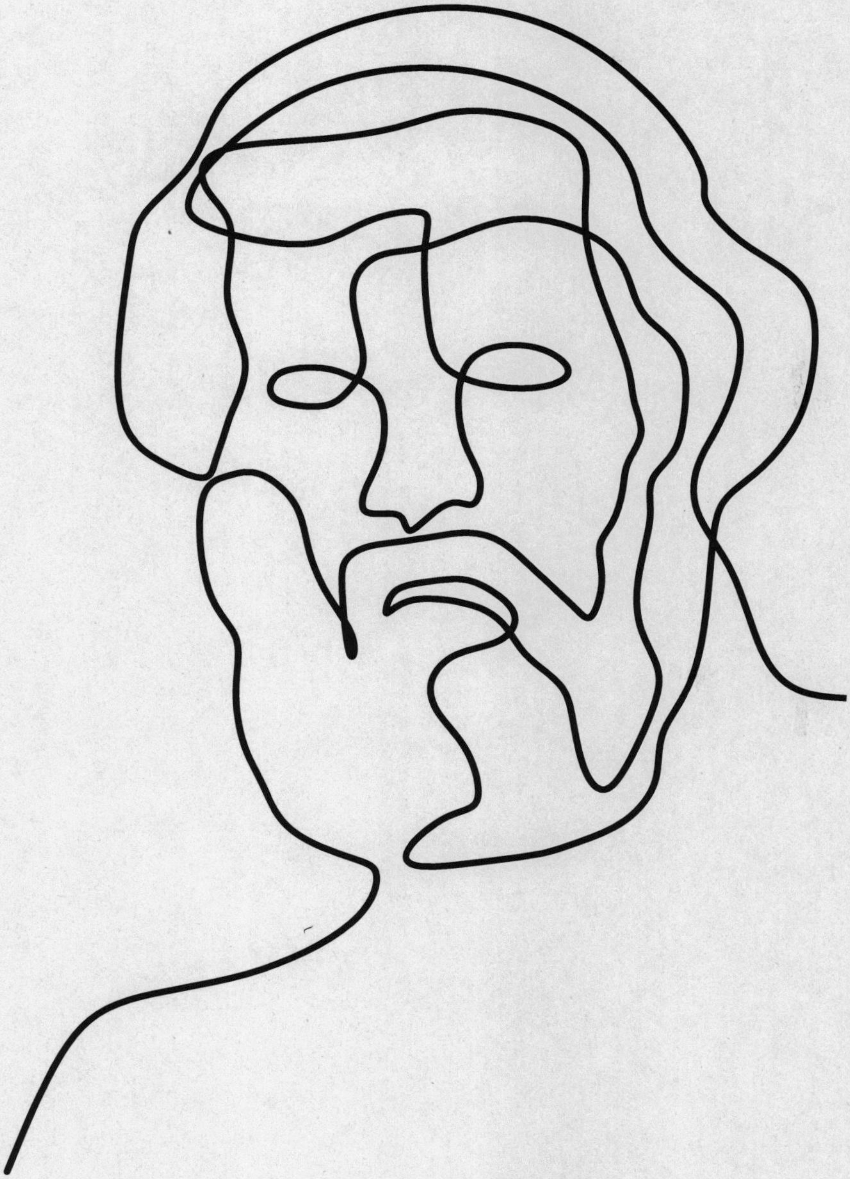

1.
Qual é a sua verdadeira intenção, em relação a este livro? O que move você, para começar a responder às perguntas?

A SAÍDA É PARA DENTRO

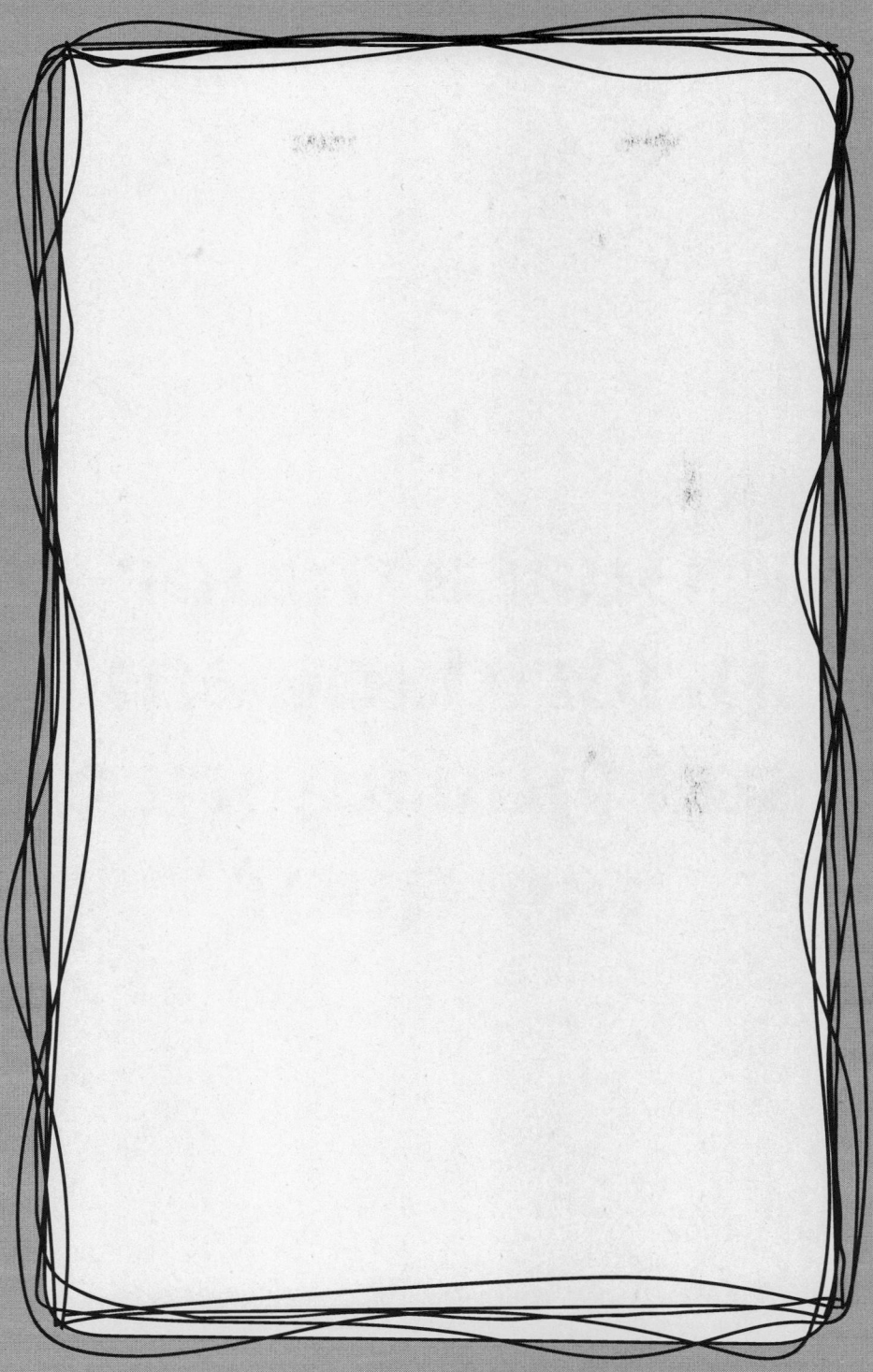

2.
Qual a maior prioridade em sua vida agora e por que?

A SAÍDA É PARA DENTRO

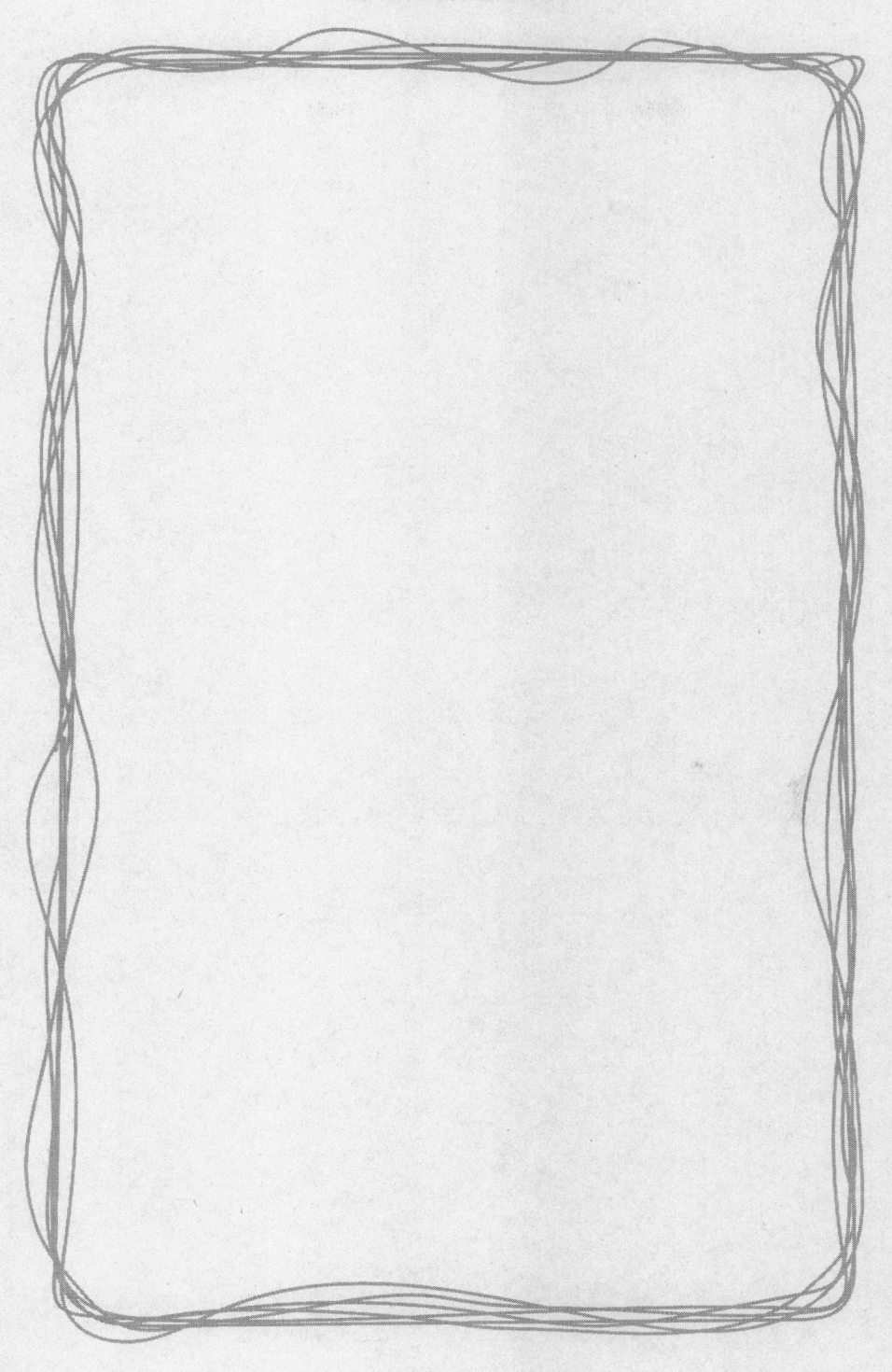

KIKO KISLANSKY

3.
Como você gostaria de ser lembrado pelas próximas gerações?

A SAÍDA É PARA DENTRO

4.

Se esta página fosse uma carta sua para toda a humanidade, o que você escreveria nela?

A SAÍDA É PARA DENTRO

KIKO KISLANSKY

5.
Qual é o seu maior tesouro?

A SAÍDA É PARA DENTRO

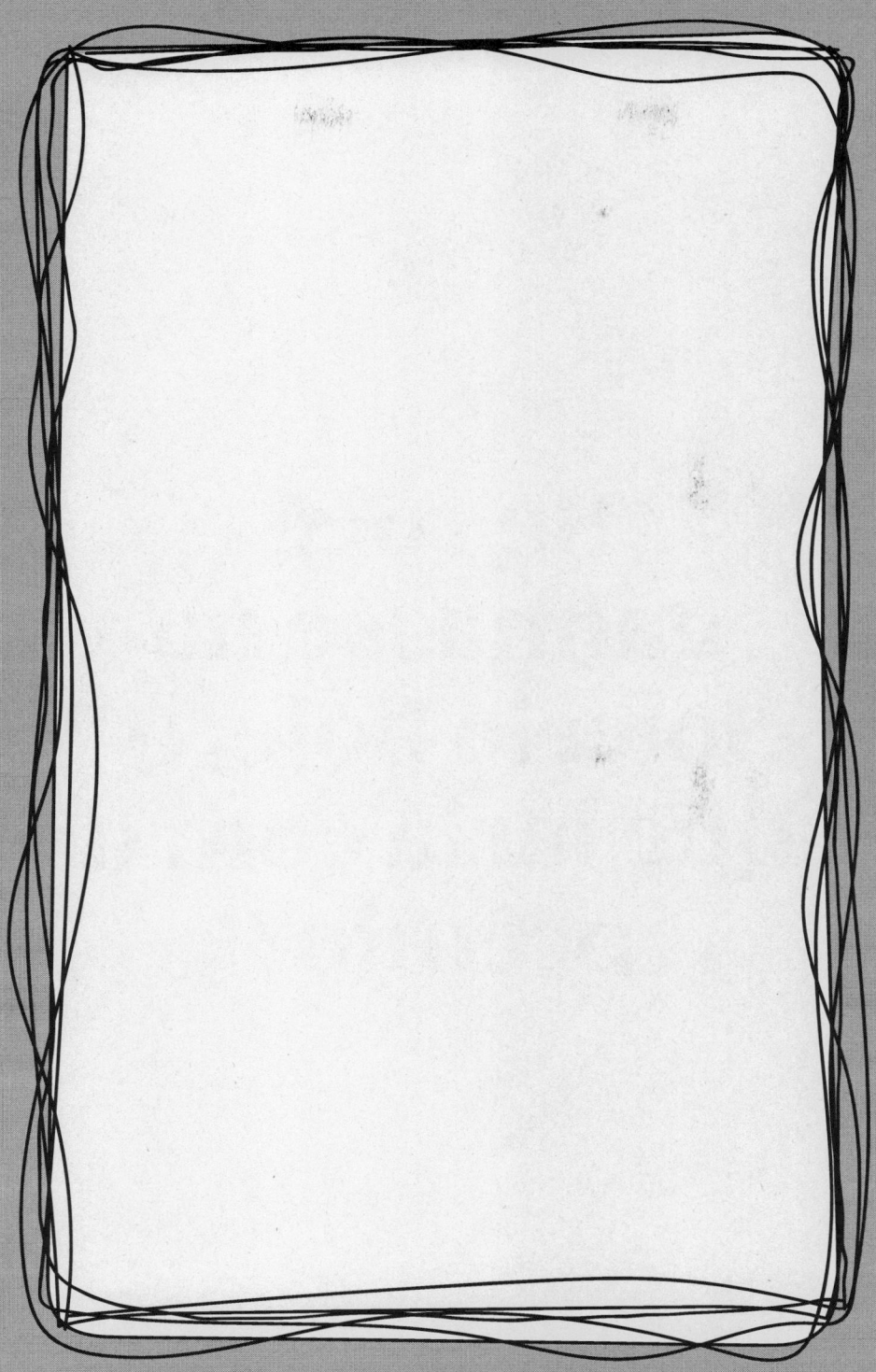

6.
Se você ganhasse na loteria hoje, o que faria com o prêmio?

A SAÍDA É PARA DENTRO

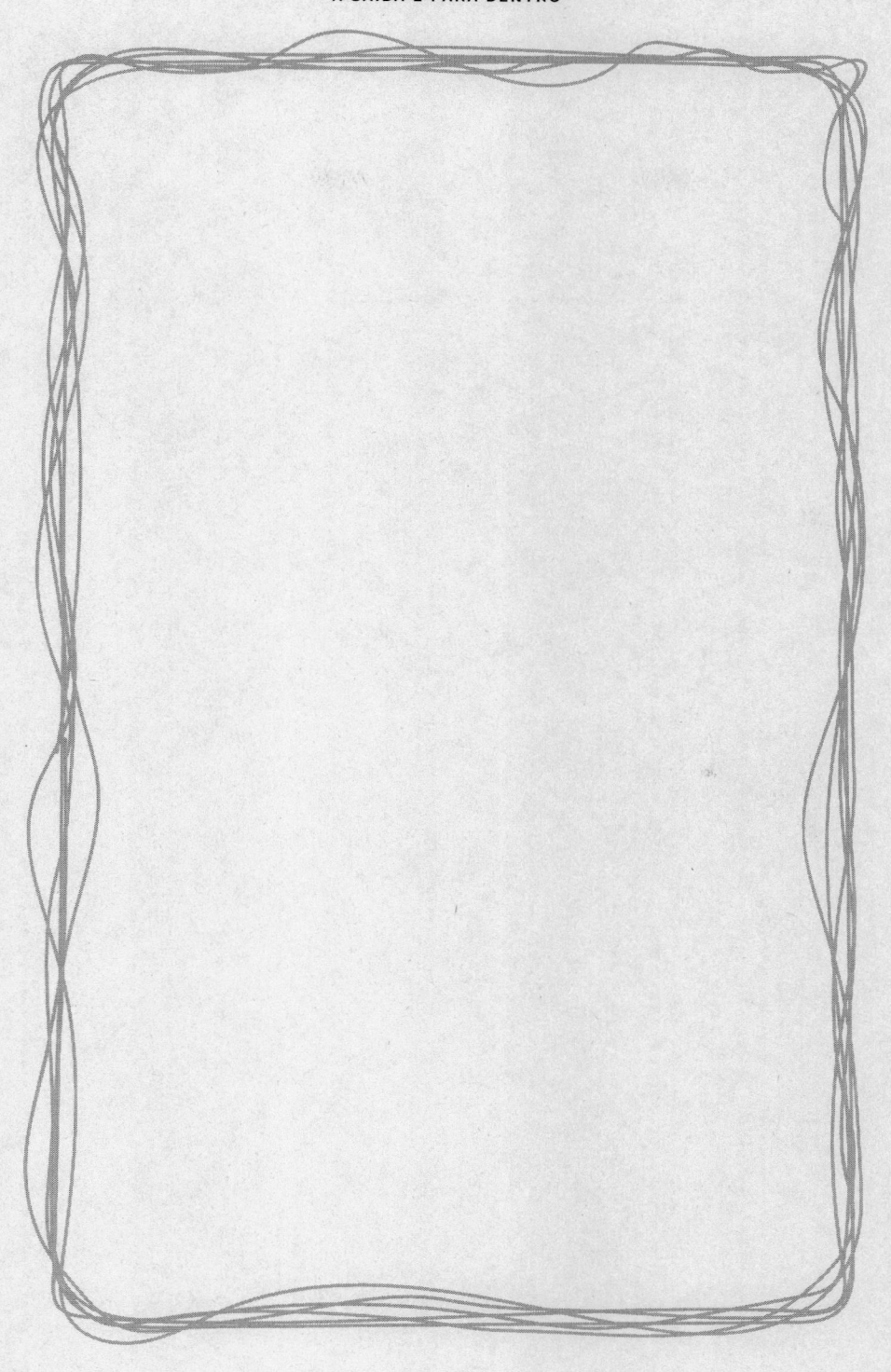

7.
Com o que você trabalharia, se dinheiro não existisse?

A SAÍDA É PARA DENTRO

8.

Você está ajudando a construir o mundo que deseja viver? Como?

A SAÍDA É PARA DENTRO

KIKO KISLANSKY

9.
O que você mais teme na vida? Por que?

A SAÍDA É PARA DENTRO

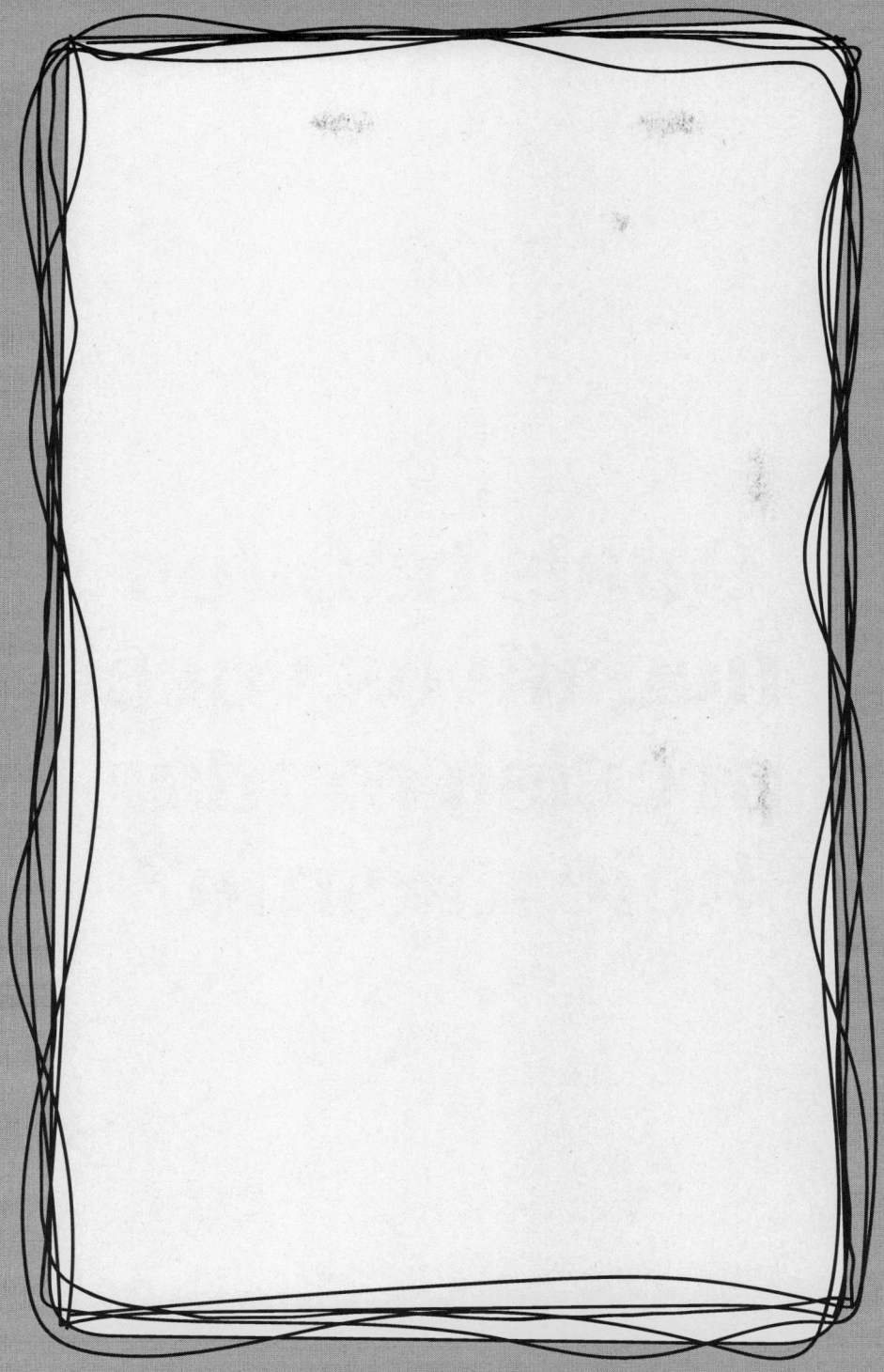

10.
Quais hábitos negativos você precisa mudar hoje mesmo?

A SAÍDA É PARA DENTRO

11.
Quais são as virtudes que você mais admira em você mesmo?

A SAÍDA É PARA DENTRO

12.

Como seria um dia ideal, no trabalho dos seus sonhos?

A SAÍDA É PARA DENTRO

KIKO KISLANSKY

13.
Como seria a sociedade utópica dos seus sonhos?

A SAÍDA É PARA DENTRO

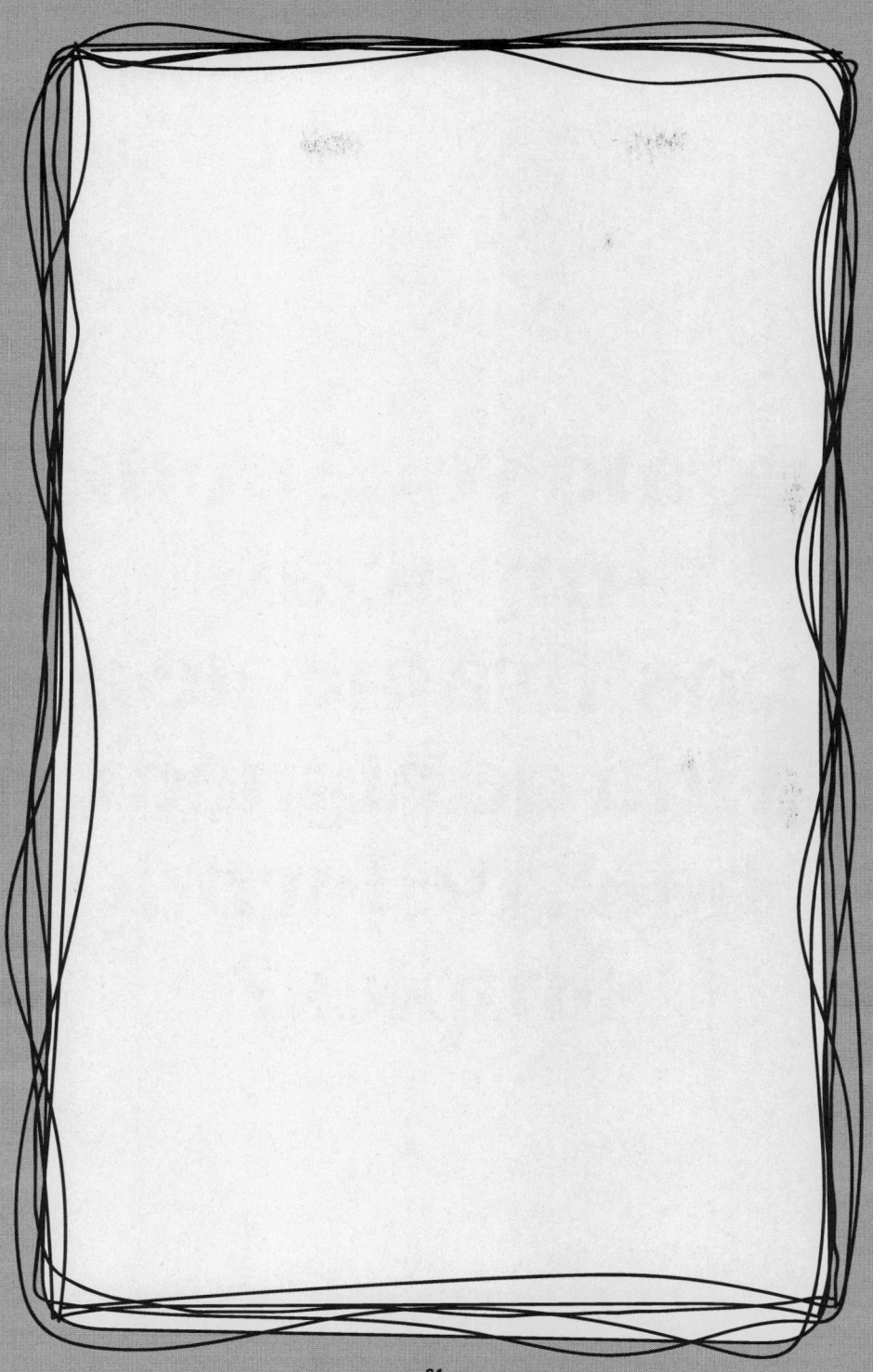

14.
Como você pode impactar positivamente a vida de alguém hoje, de forma simples?

A SAÍDA É PARA DENTRO

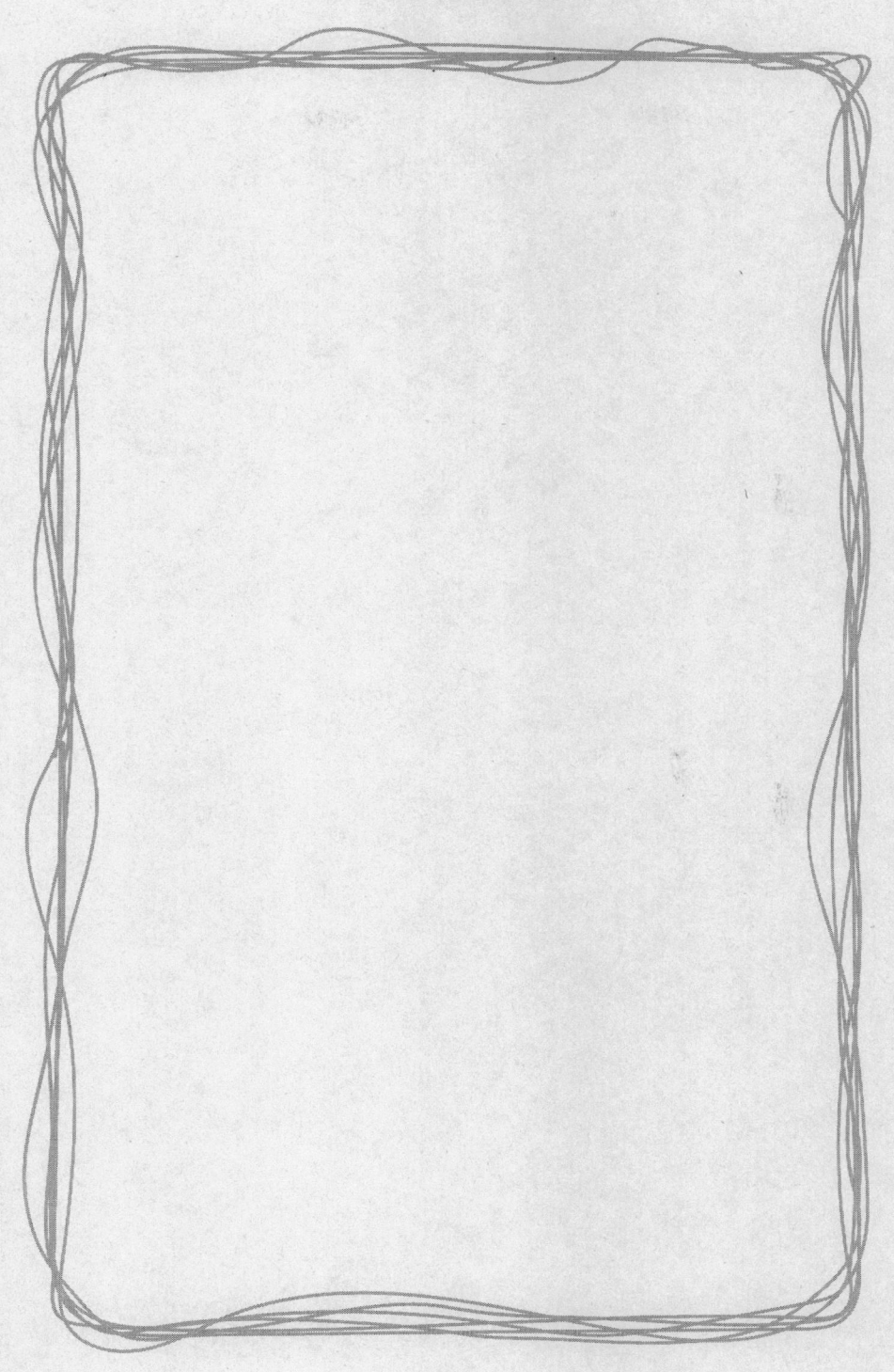

KIKO KISLANSKY

15.
O que há de mais abundante no seu ser?

A SAÍDA É PARA DENTRO

16.

O que de mais precioso tem transbordado de você para o mundo?

A SAÍDA É PARA DENTRO

17.
O que você enxerga, quando olha para o espelho de olhos fechados?

A SAÍDA É PARA DENTRO

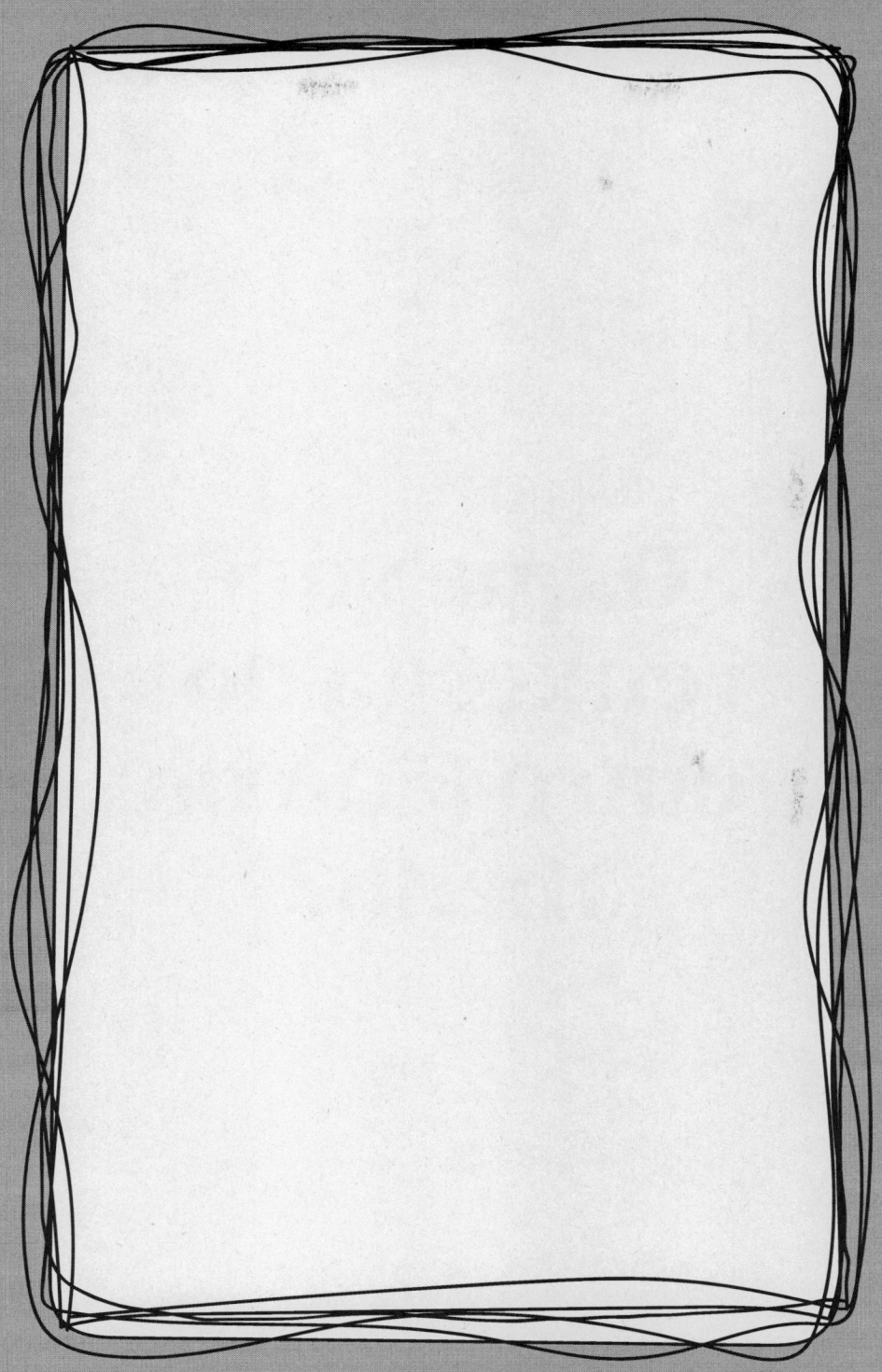

18.
O que você enxerga do outro lado do medo?

A SAÍDA É PARA DENTRO

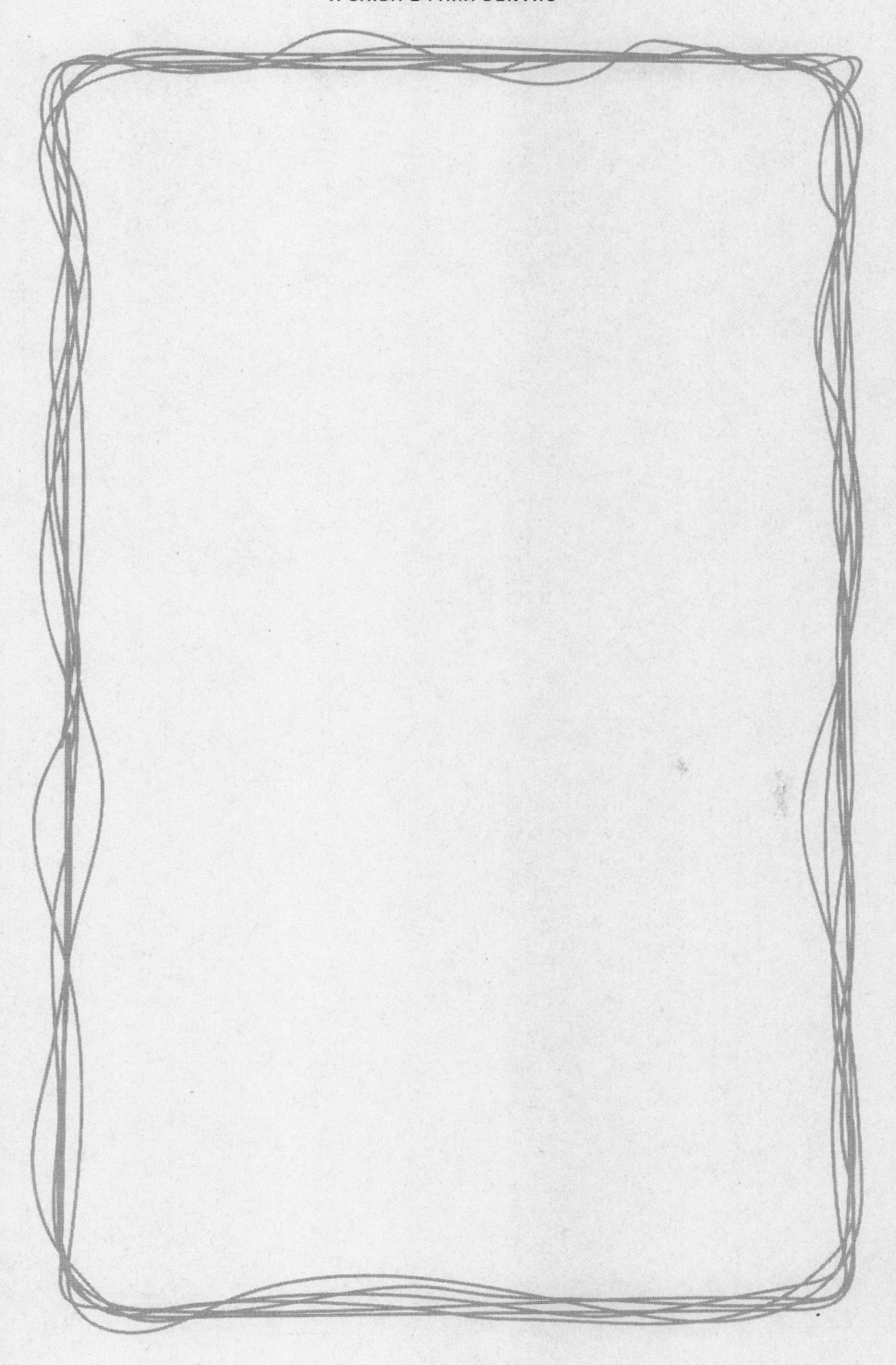

KIKO KISLANSKY

19.
De que padrões de pensamento você escolhe se libertar hoje?

A SAÍDA É PARA DENTRO

20.
Quem são as 5 pessoas que mais inspiram você e porquê?

A SAÍDA É PARA DENTRO

21.
Quanto custa seu sorriso e quanto custa sua raiva?

A SAÍDA É PARA DENTRO

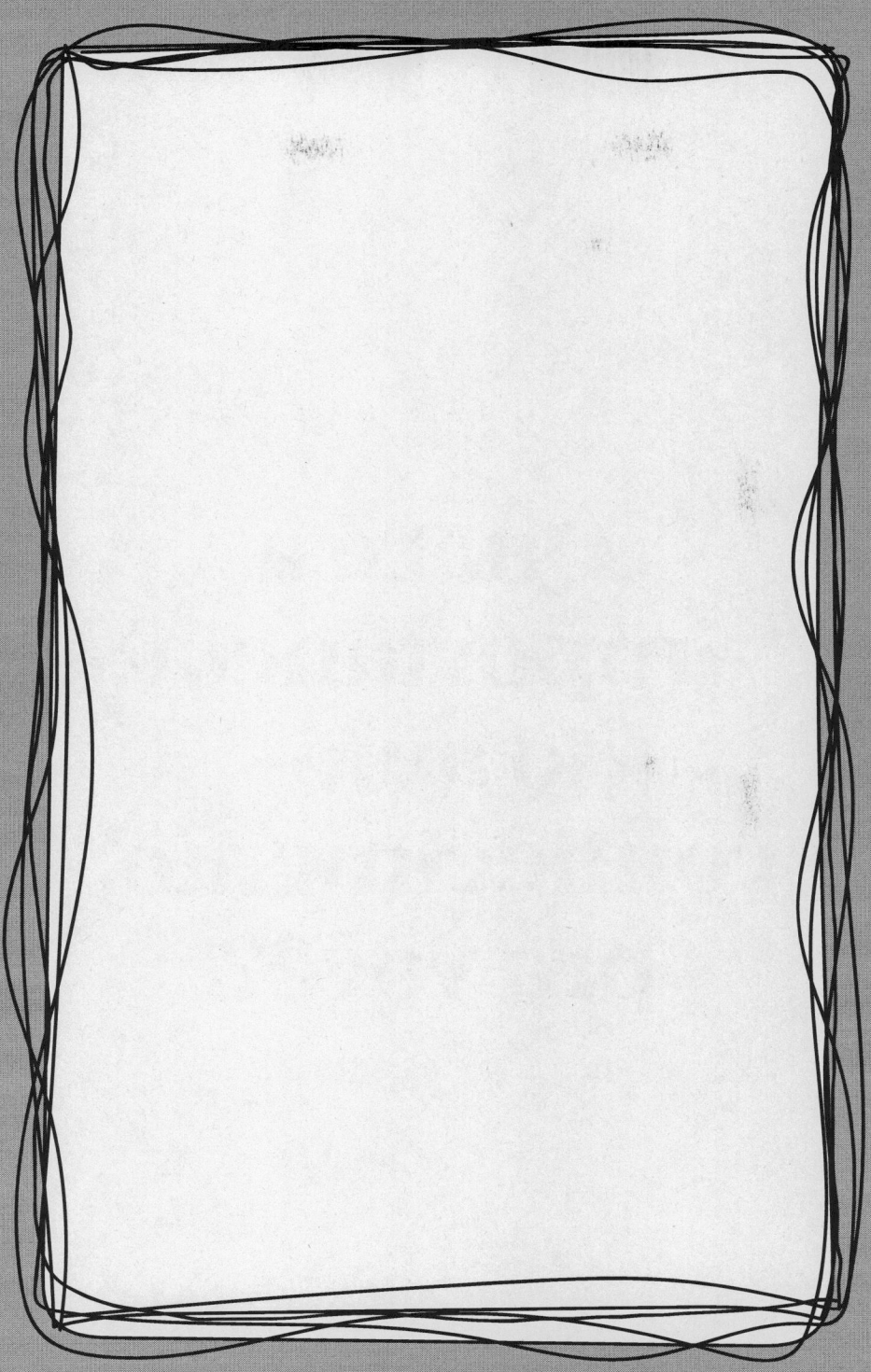

22.
Qual é a importância do auto-conhecimento, pra você?

A SAÍDA É PARA DENTRO

23.
Você tem percebido sincronicidades na sua vida? Quais?

A SAÍDA É PARA DENTRO

24.
Como você poderia definir a si mesmo, em 3 adjetivos e 3 verbos?

A SAÍDA É PARA DENTRO

25.
Qual é a frase que mais o inspira e o que ela desperta em você?

A SAÍDA É PARA DENTRO

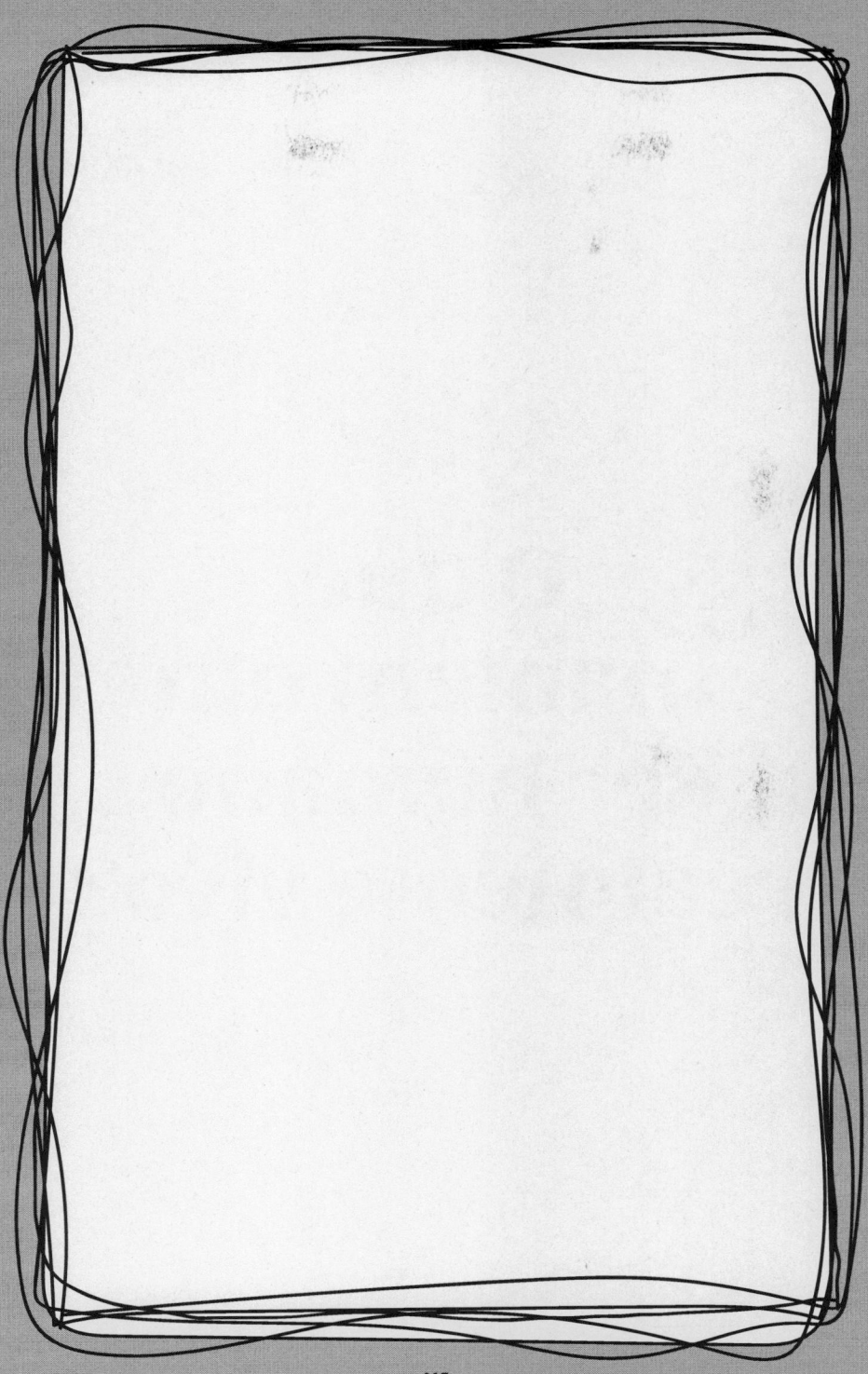

26.
O que mantém um ser humano realmente vivo?

A SAÍDA É PARA DENTRO

KIKO KISLANSKY

27.
Pelo que você é mais grato hoje?

A SAÍDA É PARA DENTRO

28.
Qual a importância da natureza pra você?

A SAÍDA É PARA DENTRO

29.
O que você está esperando, para ser quem você realmente nasceu para ser?

A SAÍDA É PARA DENTRO

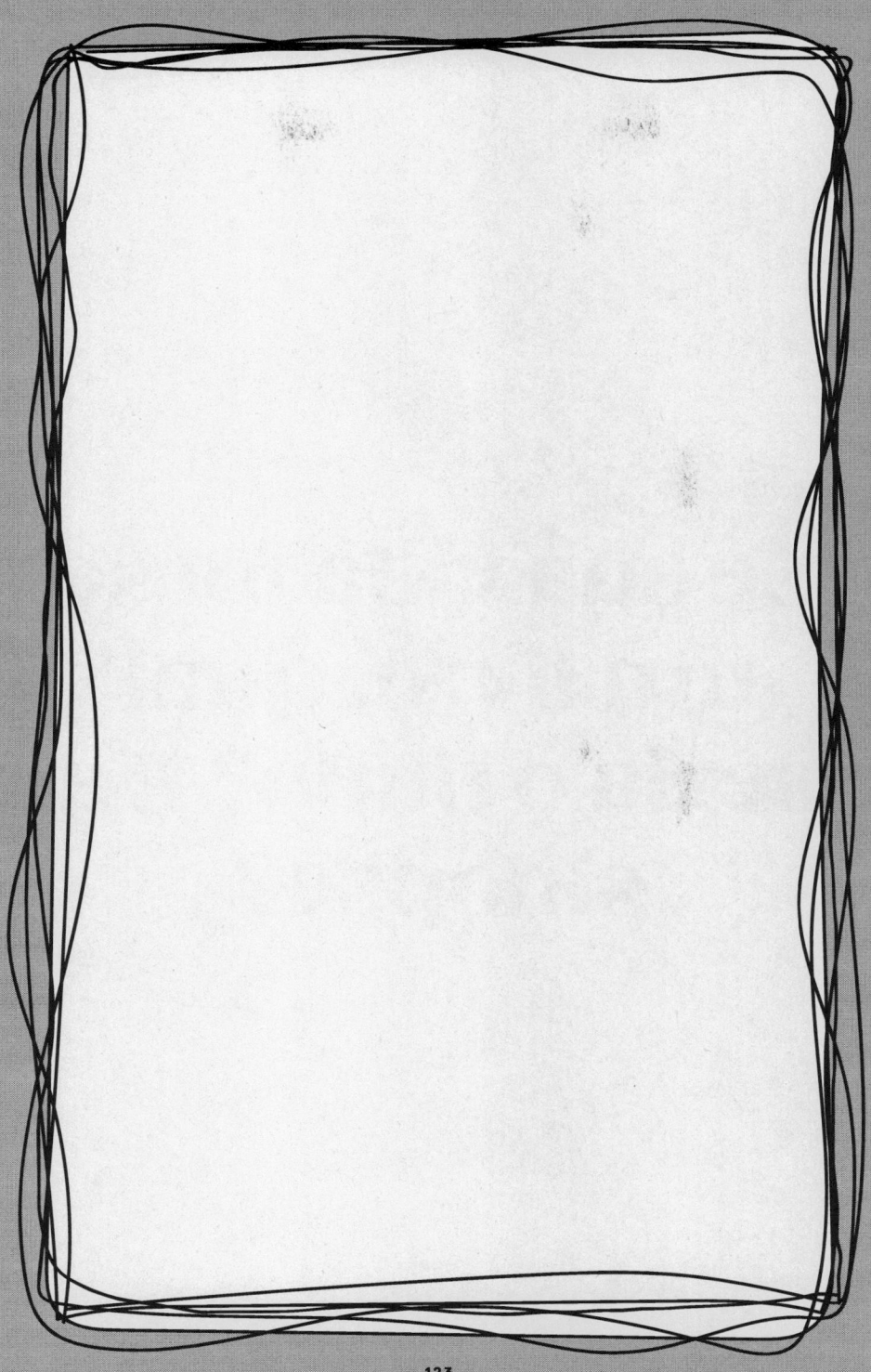

30.

Se sua vida fosse um livro, qual seria o título? E a sinopse?

A SAÍDA É PARA DENTRO

31.
O que faz você perder a noção do tempo?

A SAÍDA É PARA DENTRO

32.

Se você tivesse que dar um conselho a si mesmo hoje, qual seria?

A SAÍDA É PARA DENTRO

33.
Se você fosse uma super-heroína, qual seria o seu superpoder especial?

A SAÍDA É PARA DENTRO

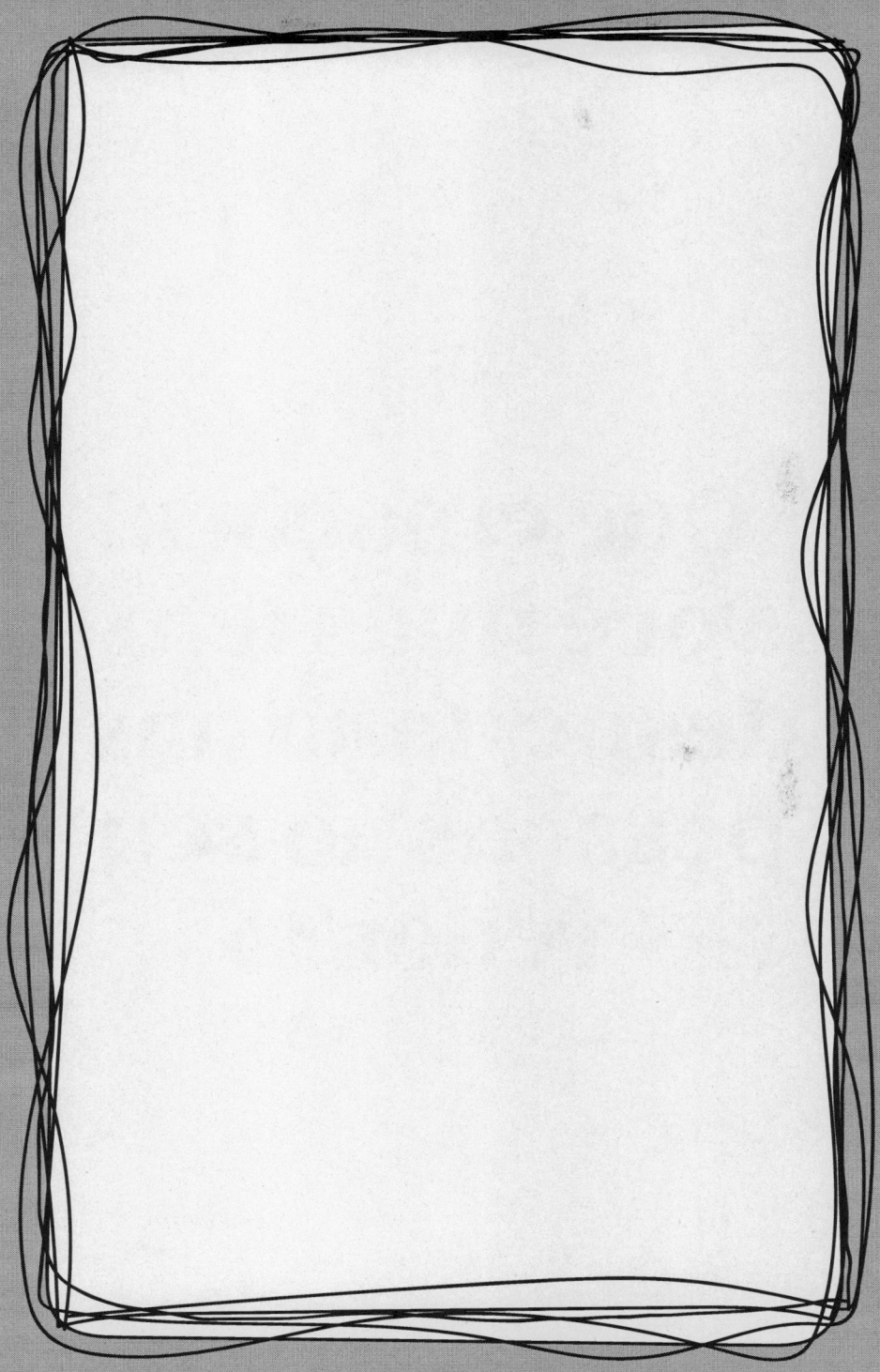

34.
Que emoções você mais tem despertado nas pessoas ao seu redor?

A SAÍDA É PARA DENTRO

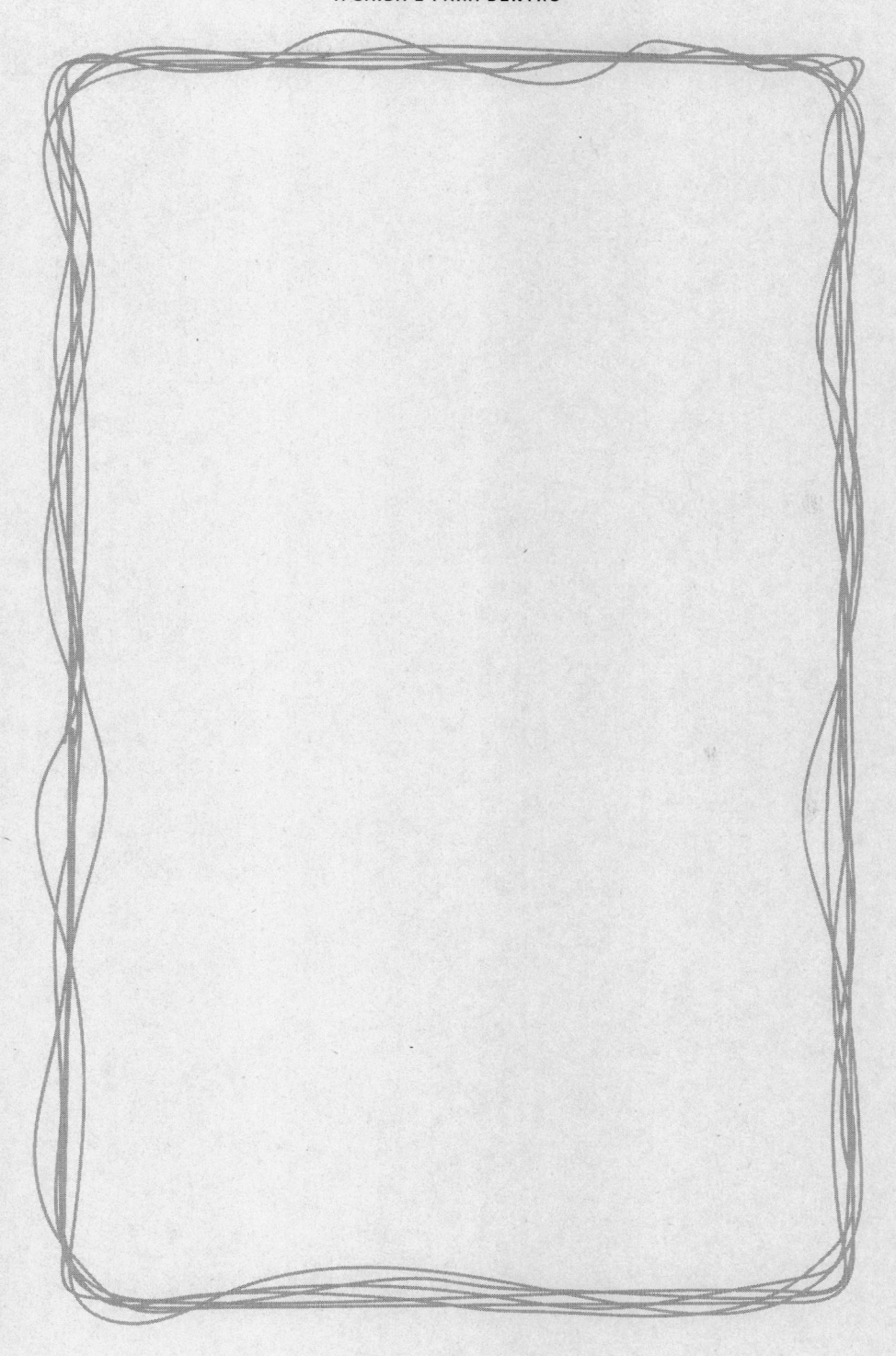

35.
Se você pudesse jantar com qualquer pessoa do mundo hoje, quem você escolheria e por quê?

A SAÍDA É PARA DENTRO

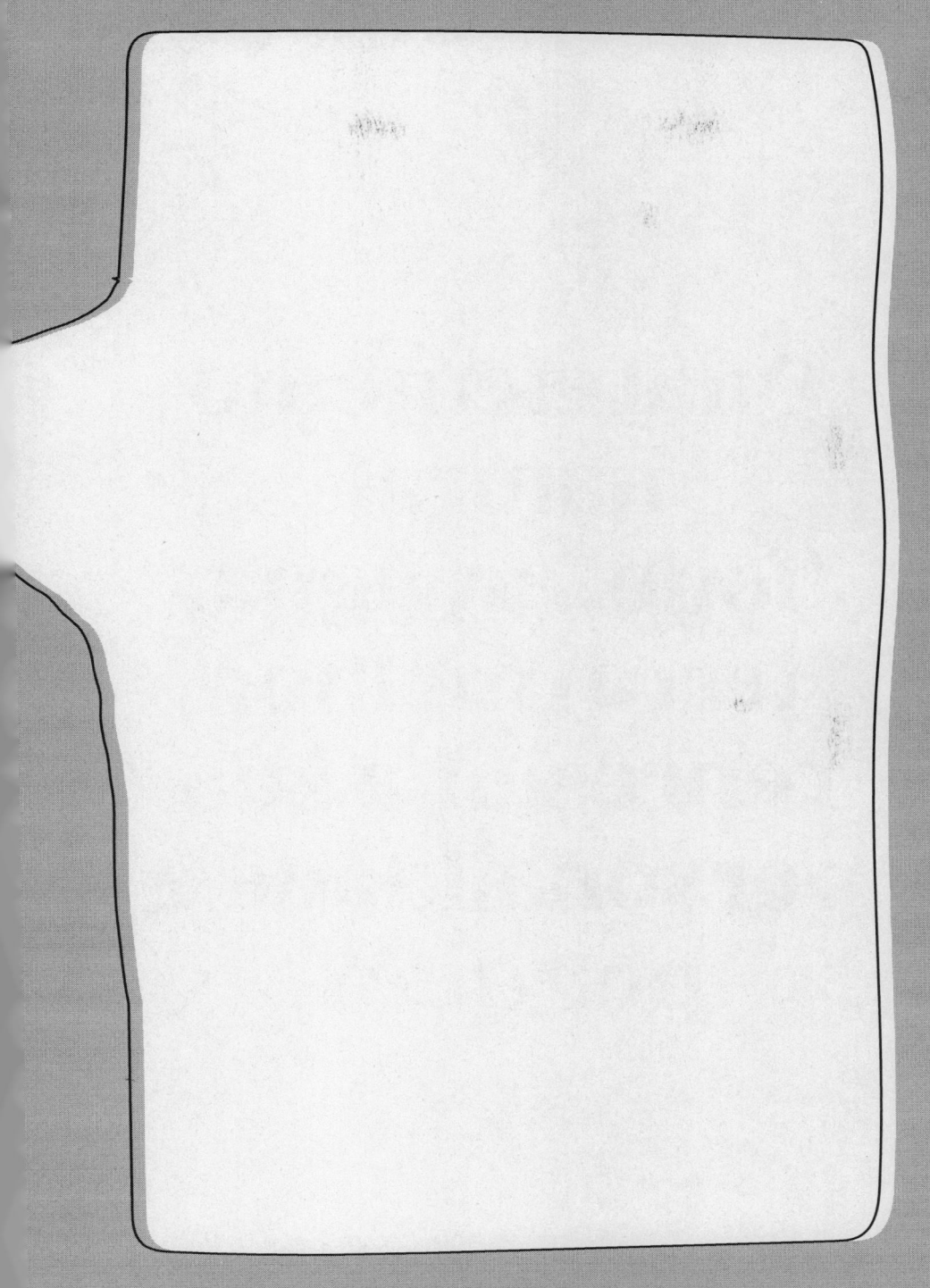

36.

Qual elemento natural (fogo, ar, água, terra) melhor representa sua personalidade e por quê?

A SAÍDA É PARA DENTRO

37.

Se você só pudesse estudar uma única coisa, durante sua vida inteira, o que seria?

A SAÍDA É PARA DENTRO

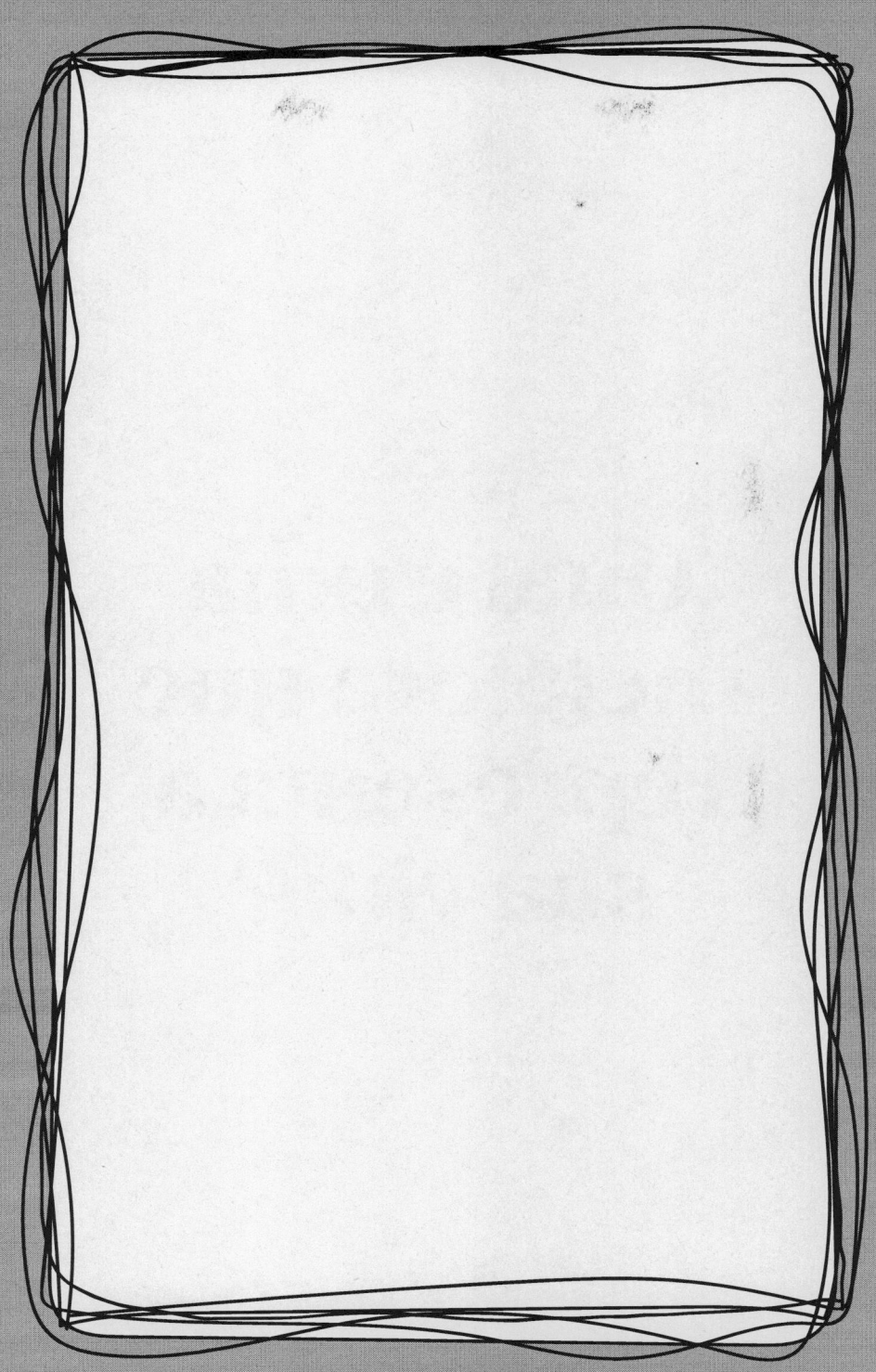

38.

Qual é uma metáfora que representa a sua vida?

A SAÍDA É PARA DENTRO

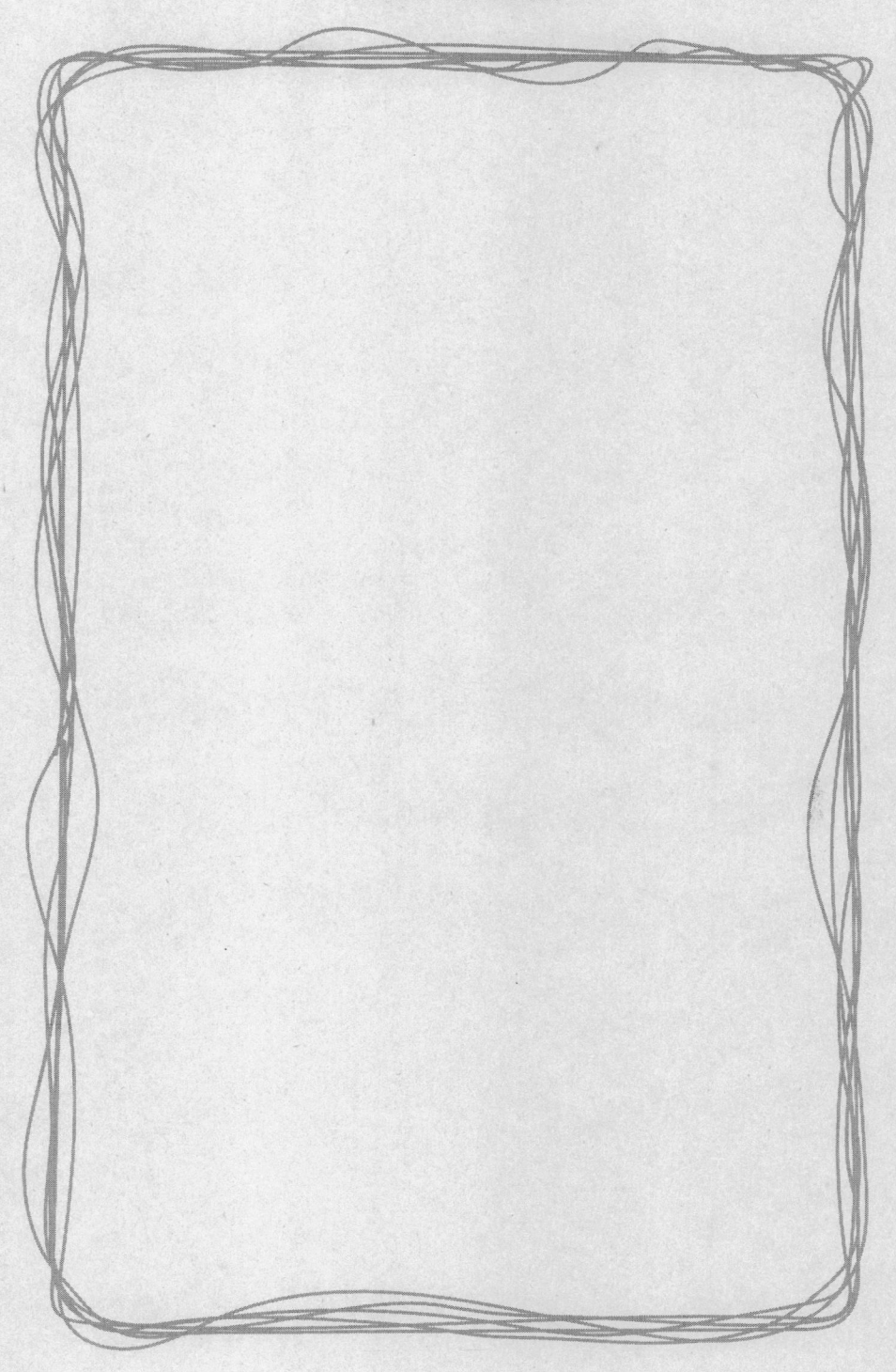

39.
Se você fosse uma ponte, quais seriam seus pilares de sustentação?

A SAÍDA É PARA DENTRO

40.

Qual é a sua memória mais antiga e como isso se relaciona com os seus sonhos atuais?

A SAÍDA É PARA DENTRO

KIKO KISLANSKY

41.
Quais são as 10 coisas que você quer fazer na sua vida e ainda não fez?

A SAÍDA É PARA DENTRO

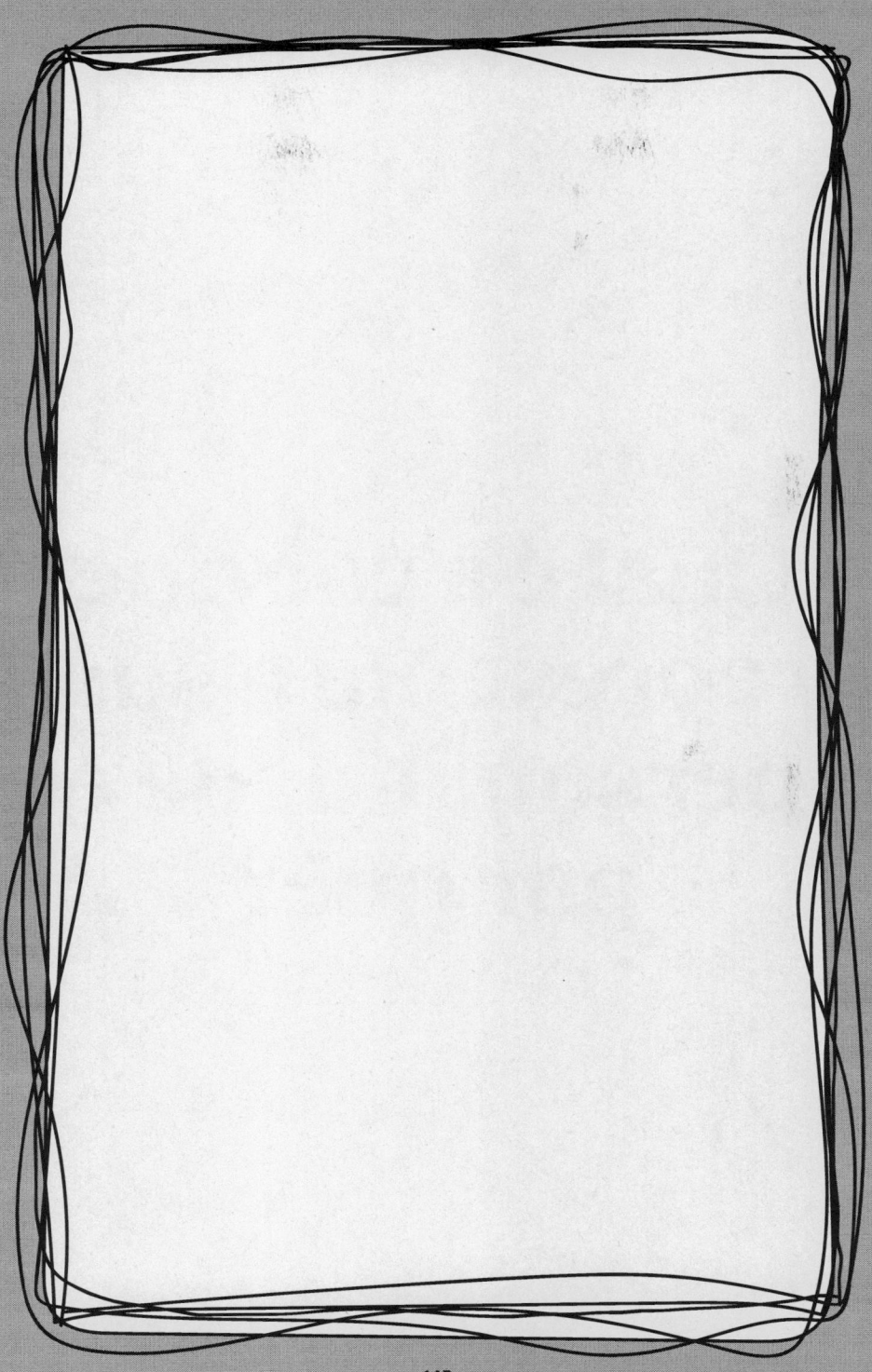

42.
Qual é a cor que representa a sua personalidade e por quê?

A SAÍDA É PARA DENTRO

43.
Quais são as cercas que têm limitado o seu desenvolvimento?

A SAÍDA É PARA DENTRO

44.

Quais são as razões pelas quais você ama a si mesmo?

A SAÍDA É PARA DENTRO

45.
O quanto você acredita que honra a sua história de vida?

A SAÍDA É PARA DENTRO

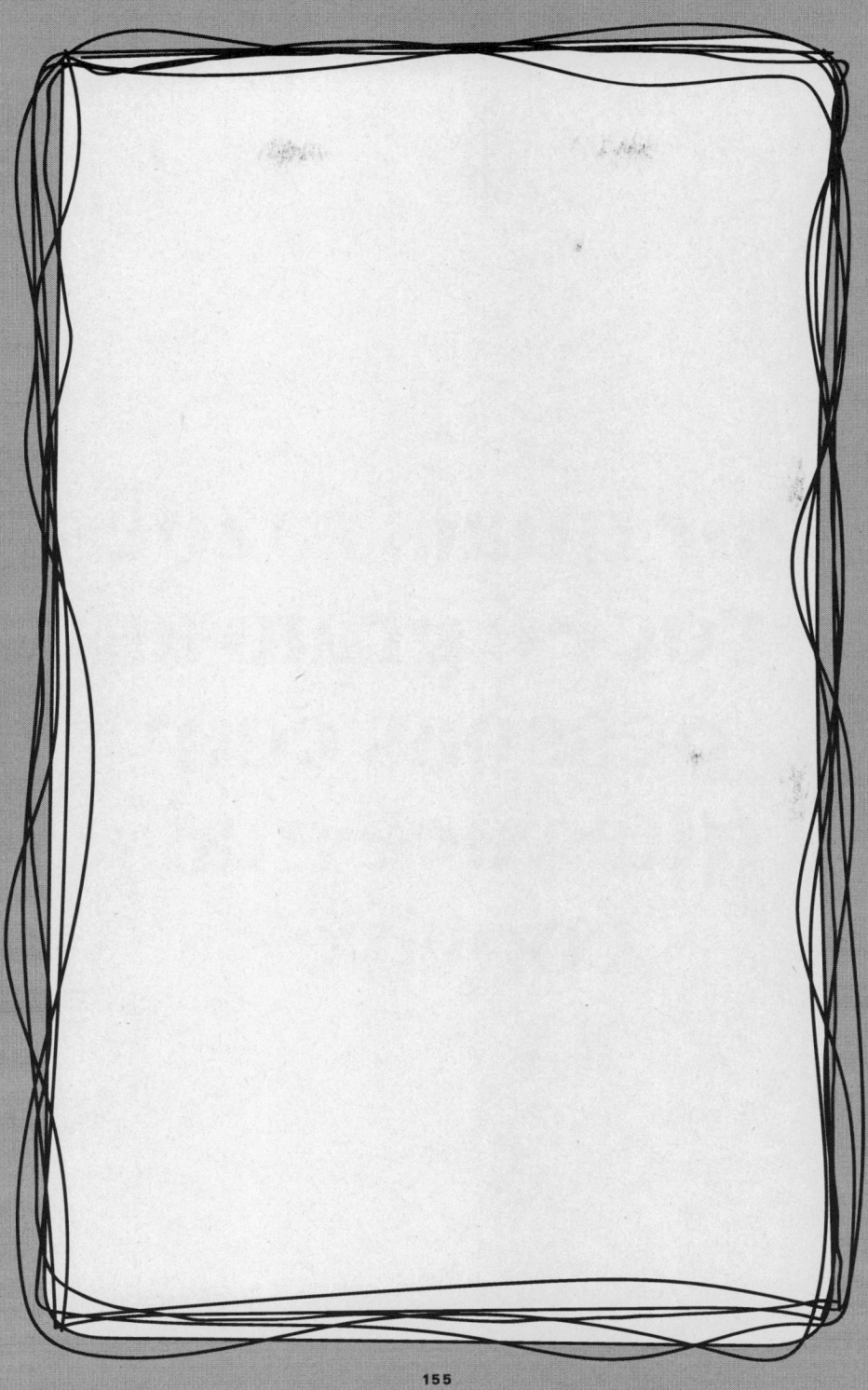

46.

Por quais razões você é grato às pessoas com que você mais convive?

A SAÍDA É PARA DENTRO

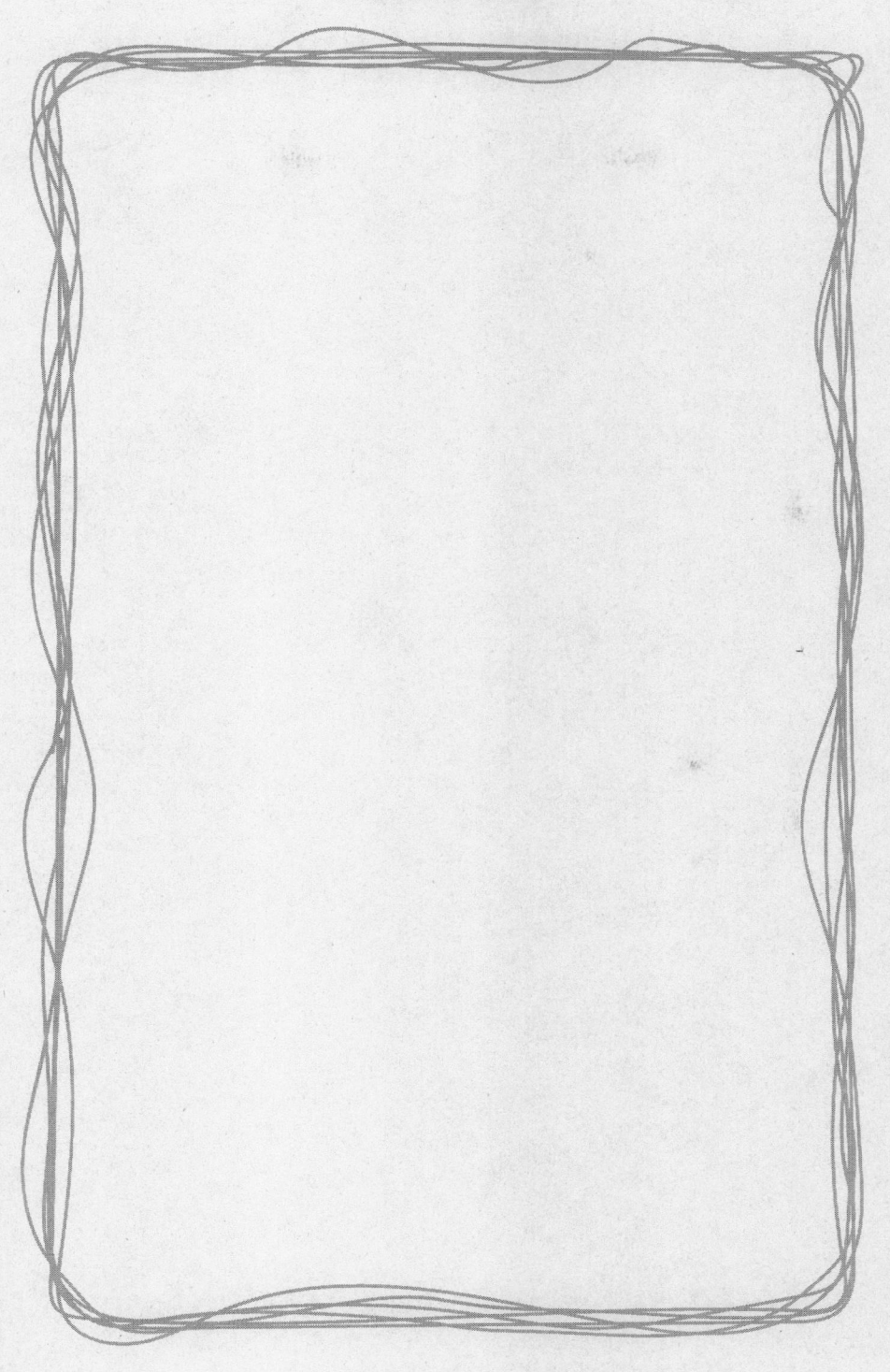

47.
O que faz você se sentir extremamente orgulhoso de si mesmo?

A SAÍDA É PARA DENTRO

48.

O que realmente importa na sua vida e é inegociável para você?

A SAÍDA É PARA DENTRO

49.

Se você pudesse criar uma nova matéria para a base curricular do sistema educacional, qual seria e por quê?

A SAÍDA É PARA DENTRO

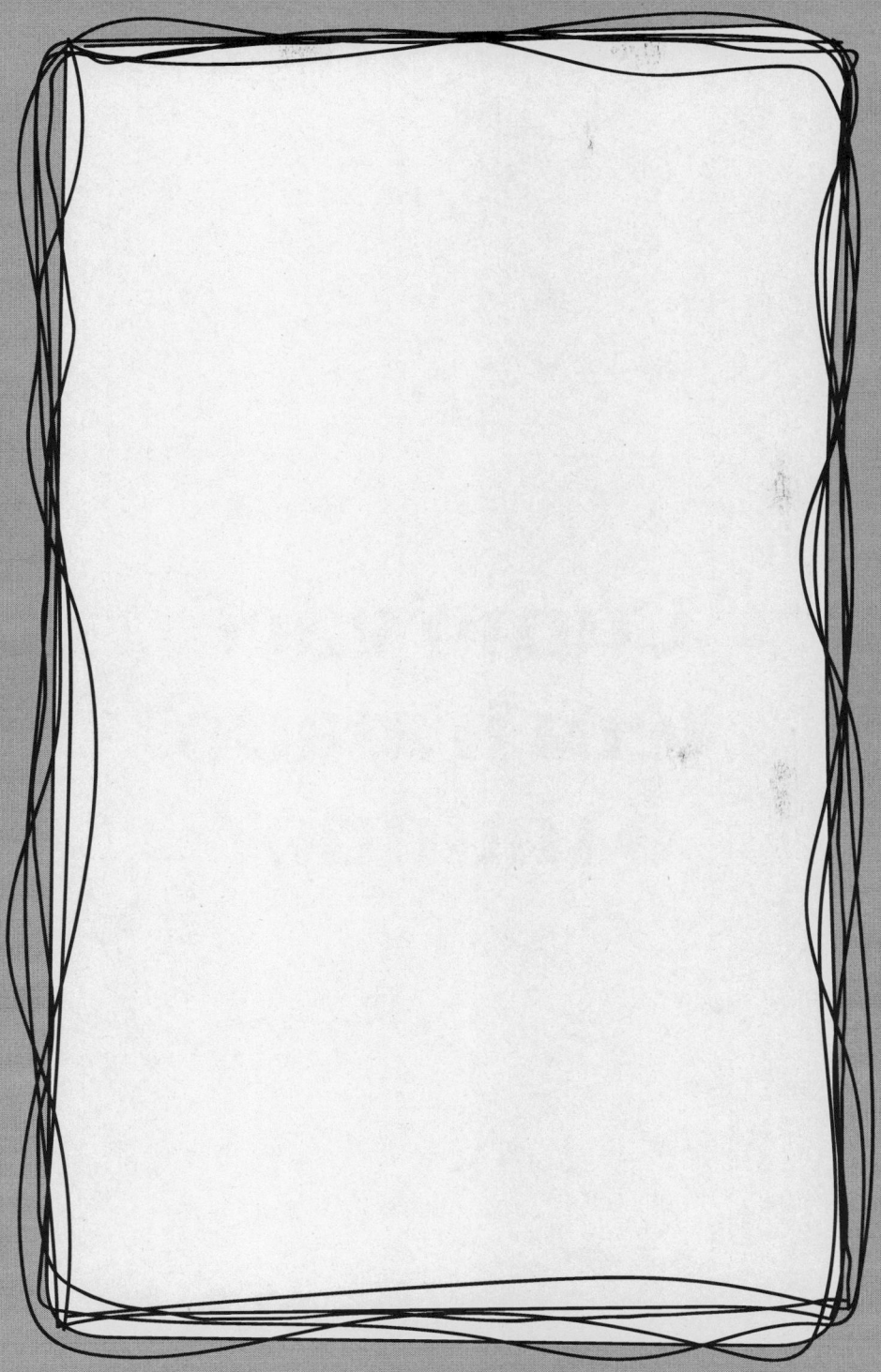

50.
Como você tem tratado o mundo?

A SAÍDA É PARA DENTRO

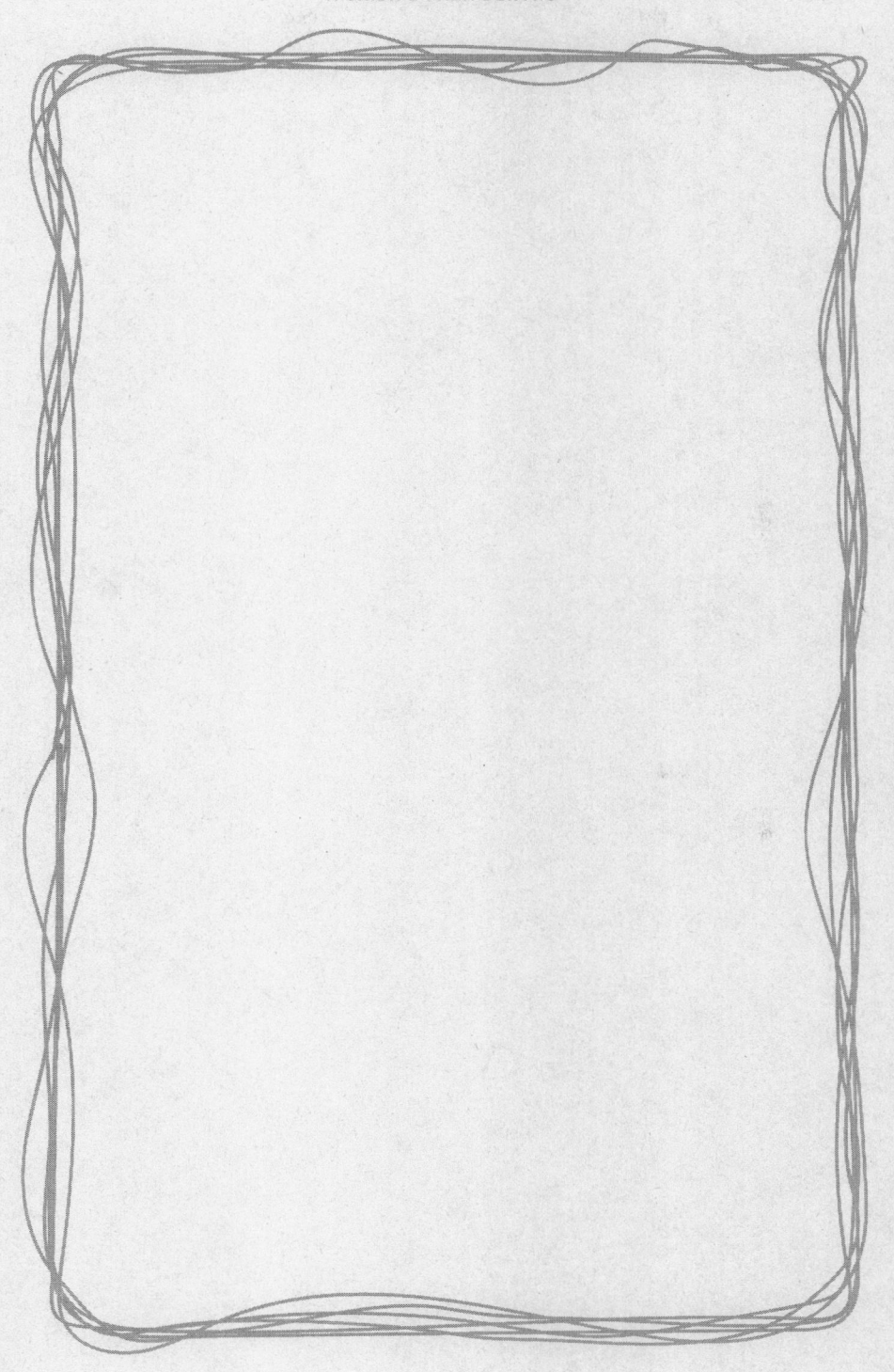

KIKO KISLANSKY

51.
Se tempo e dinheiro não fossem questões, onde você estaria e o que faria pro resto da vida?

A SAÍDA É PARA DENTRO

52.

Qual foi o melhor momento dessa sua última semana e como você pode fazê-lo repetir-se constantemente?

A SAÍDA É PARA DENTRO

53.

Se não pudesse saber qual a sua idade, quantos anos você acharia que tem e porquê?

A SAÍDA É PARA DENTRO

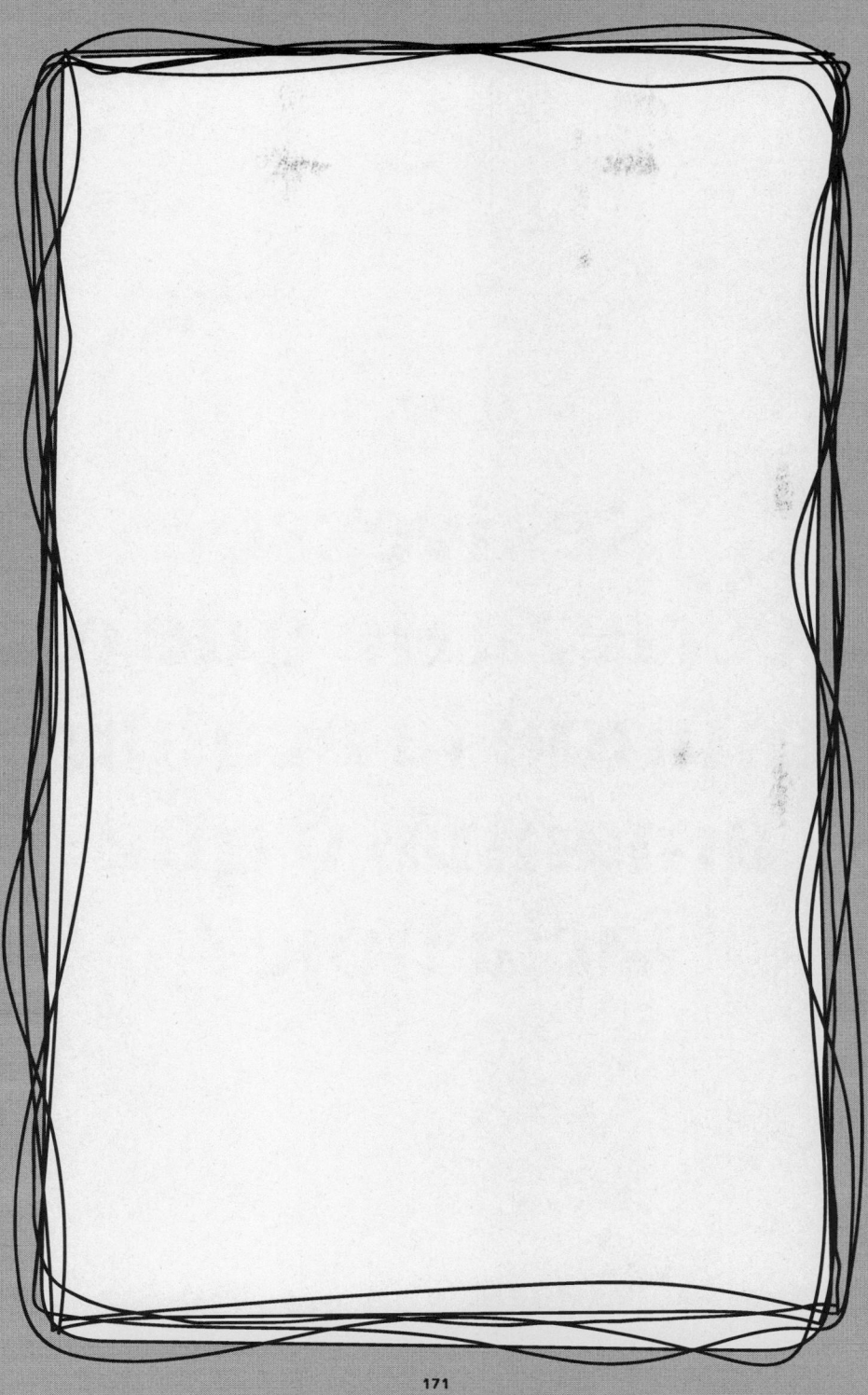

54.

Se tivesse certeza de que o mundo ia acabar amanhã, o que faria hoje?

A SAÍDA É PARA DENTRO

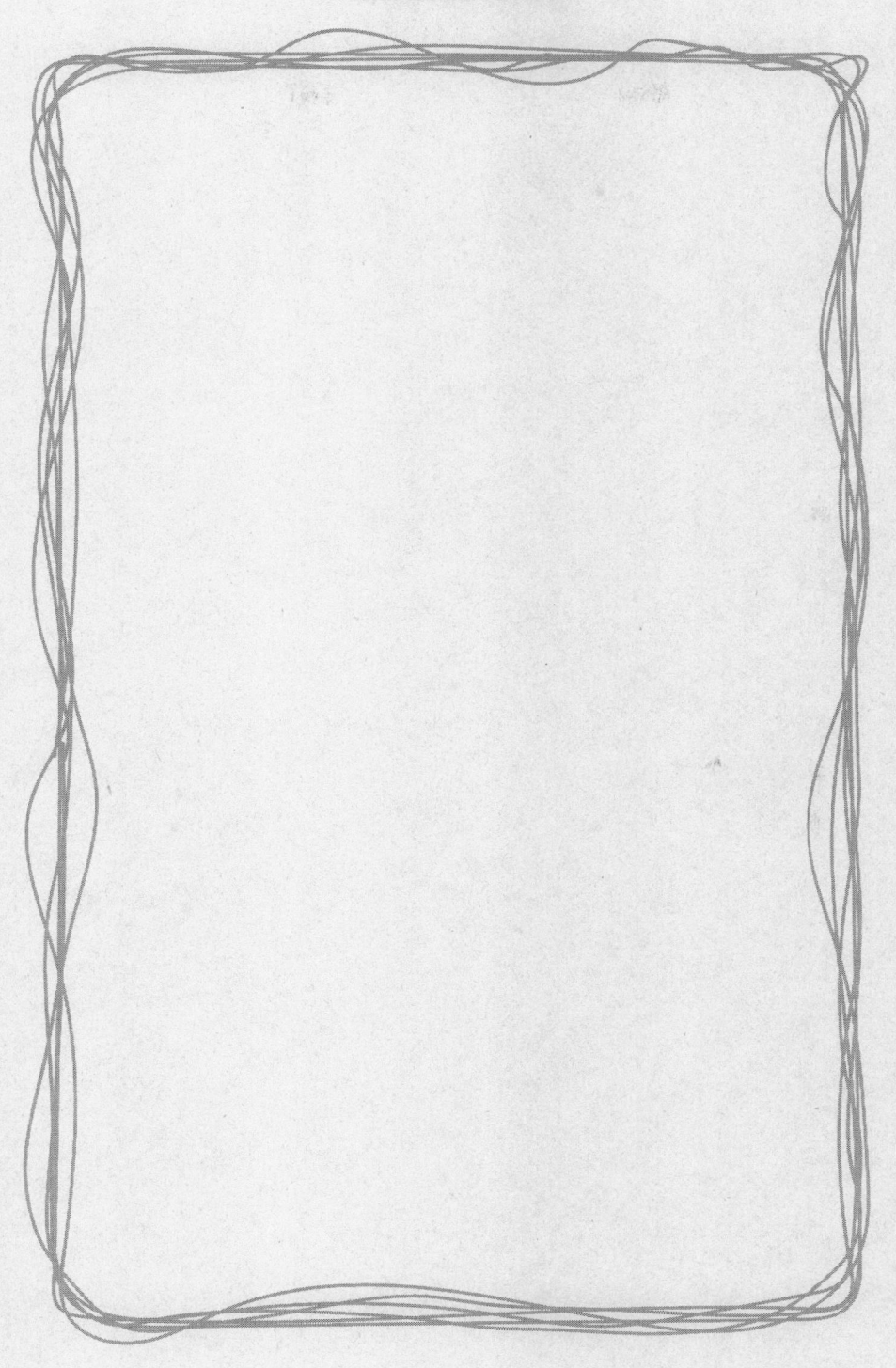

55.
Se você pudesse indicar apenas um livro para o mundo ler, qual seria?

A SAÍDA É PARA DENTRO

56.
No que você tem investido mais seu dinheiro: coisas ou experiências?

A SAÍDA É PARA DENTRO

57.
Se você fosse uma cidade, como estaria a sua temperatura hoje na previsão do tempo?

A SAÍDA É PARA DENTRO

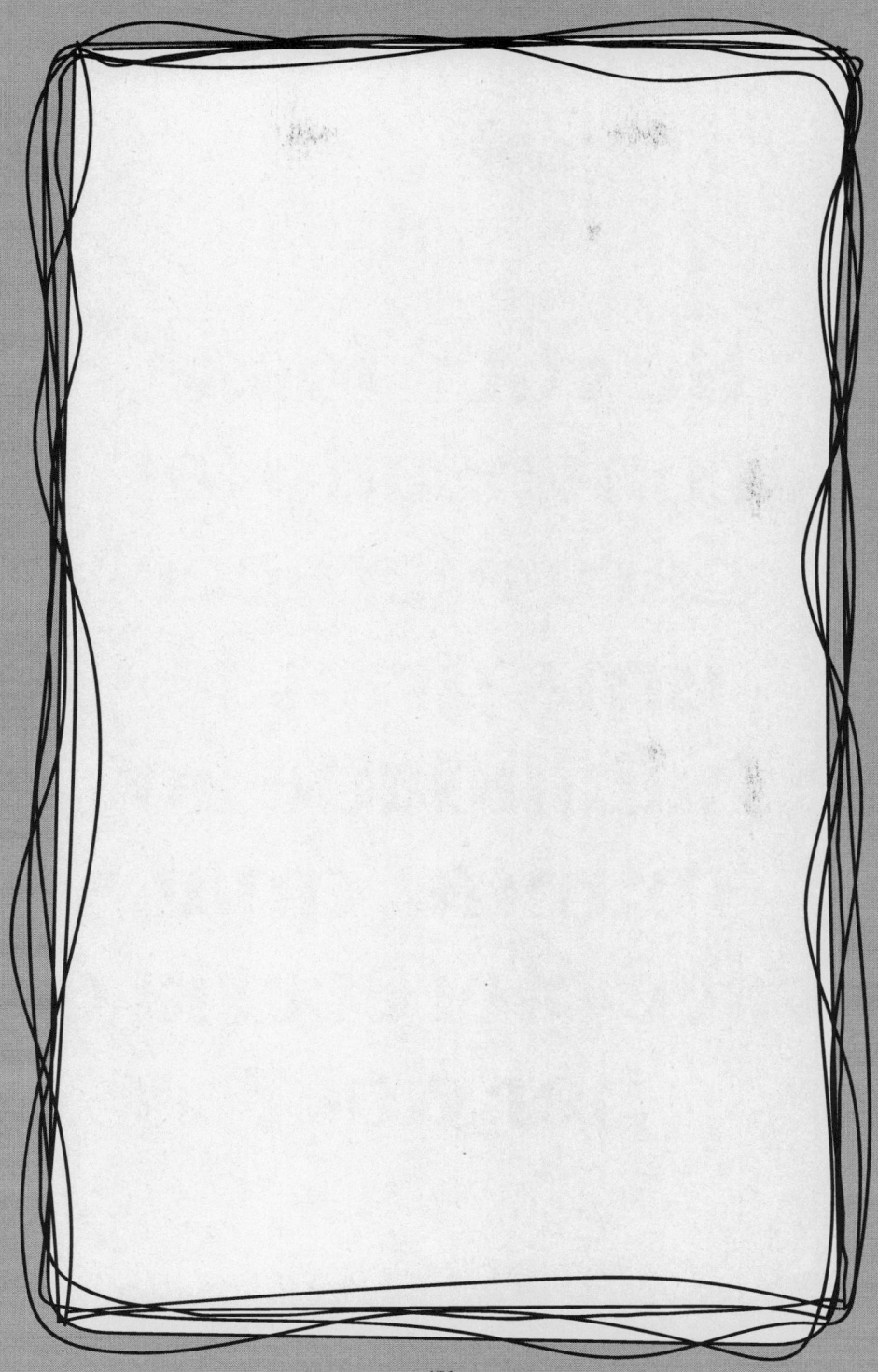

58.

Se você fosse convocado (a) para oferecer uma grande habilidade ao mundo, qual você ofereceria e por quê?

A SAÍDA É PARA DENTRO

59.
Qual é o lugar onde você se sente melhor no mundo e por quê?

A SAÍDA É PARA DENTRO

60.

Se você pudesse escolher um dia da sua vida para reviver, qual seria?

A SAÍDA É PARA DENTRO

61.
Você já viveu alguma situação que pudesse considerar como um milagre? Qual?

A SAÍDA É PARA DENTRO

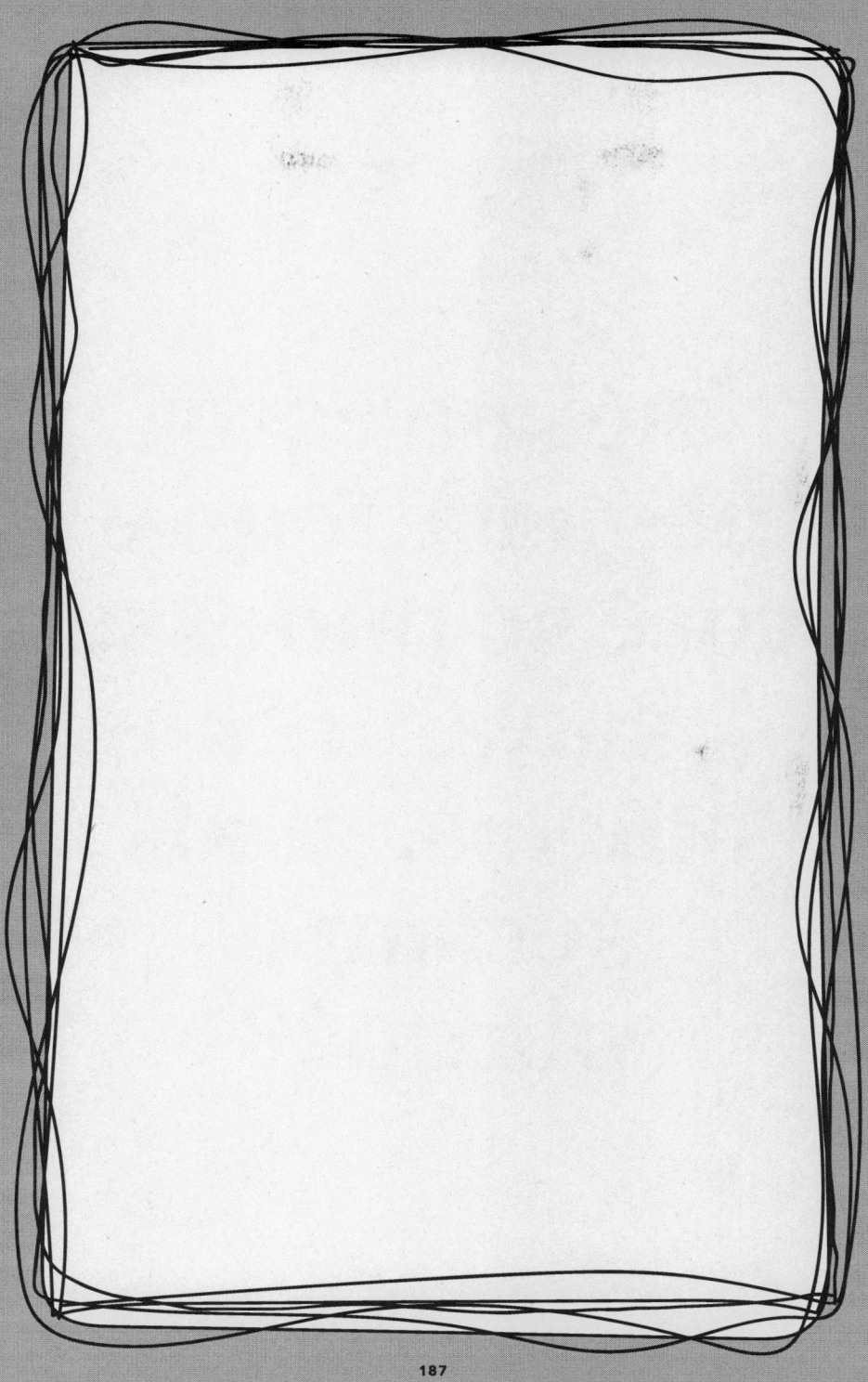

62.

Se sua casa pegasse fogo e você só pudesse salvar três objetos, quais seriam e porquê?

A SAÍDA É PARA DENTRO

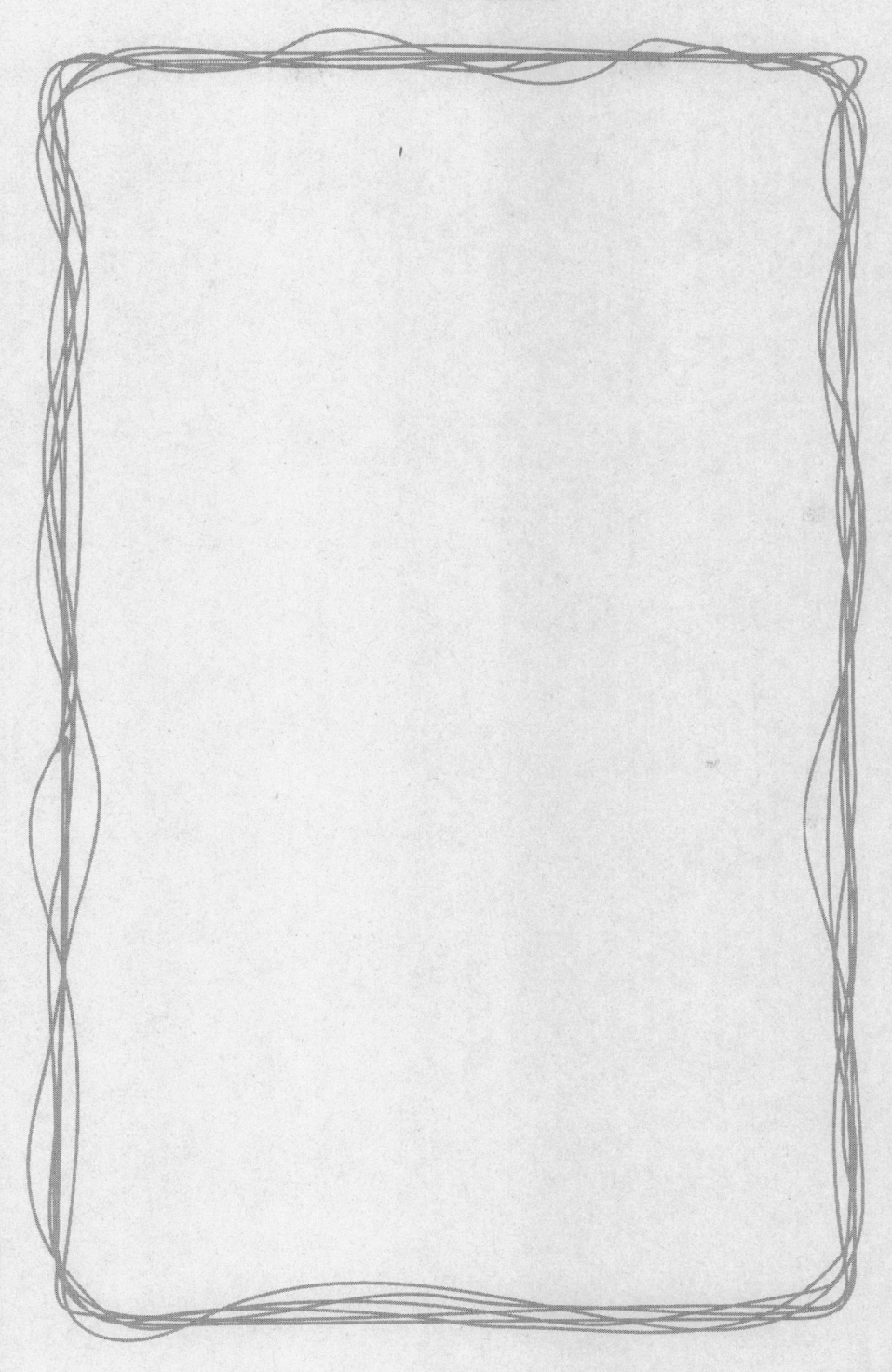

63.

De que forma você gostaria de ajudar o mundo a se tornar um lugar melhor, através da sua existência?

A SAÍDA É PARA DENTRO

64.

Seu prato de comida e seu guarda-roupa contribuem para o mundo evoluir ou regredir?

A SAÍDA É PARA DENTRO

65.

Como você poderia ressignificar hoje aquela história do passado que está interferindo na sua paz interior?

A SAÍDA É PARA DENTRO

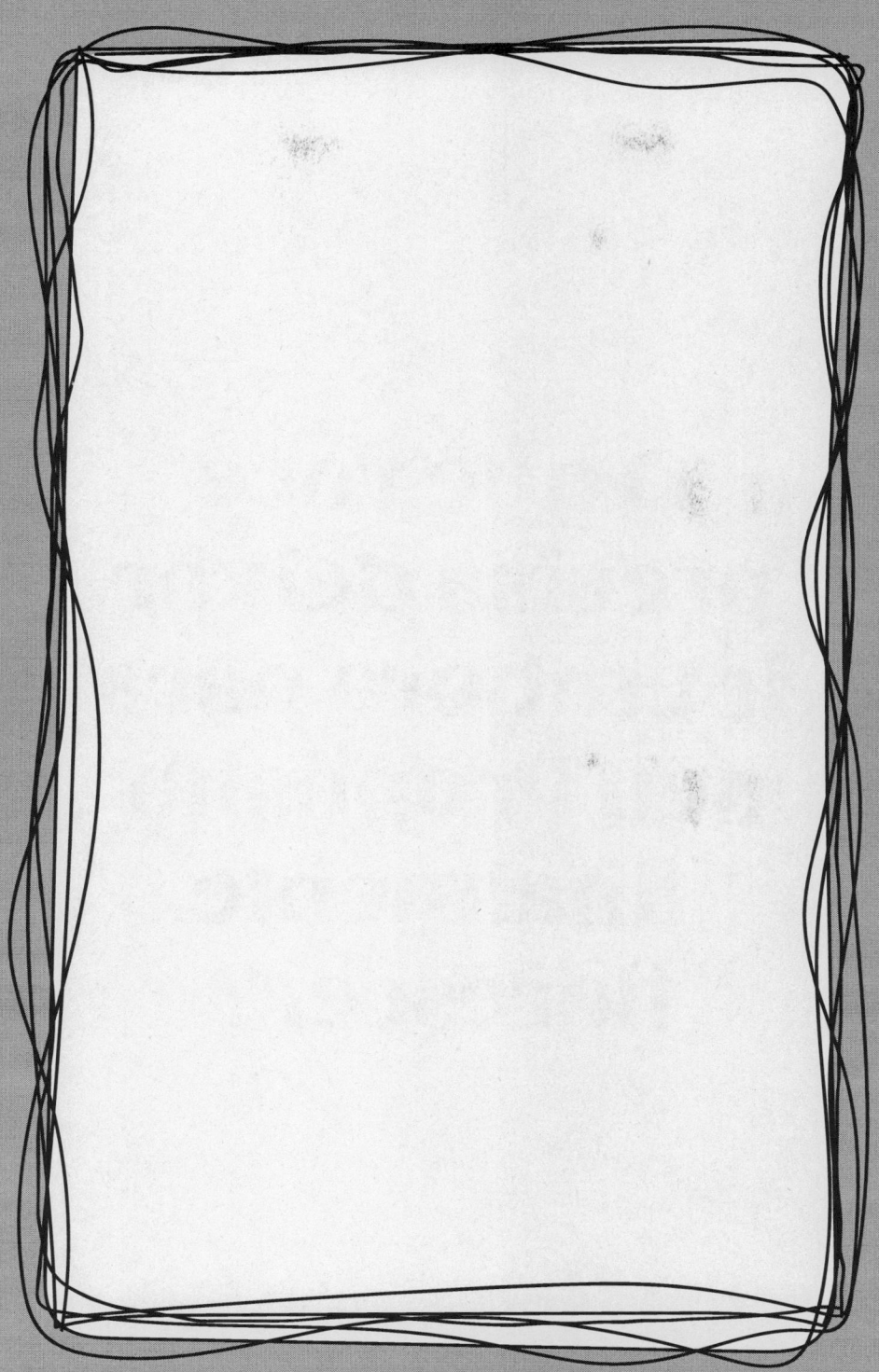

66.

O que você precisa deixar ir embora para seu Propósito finalmente florescer?

A SAÍDA É PARA DENTRO

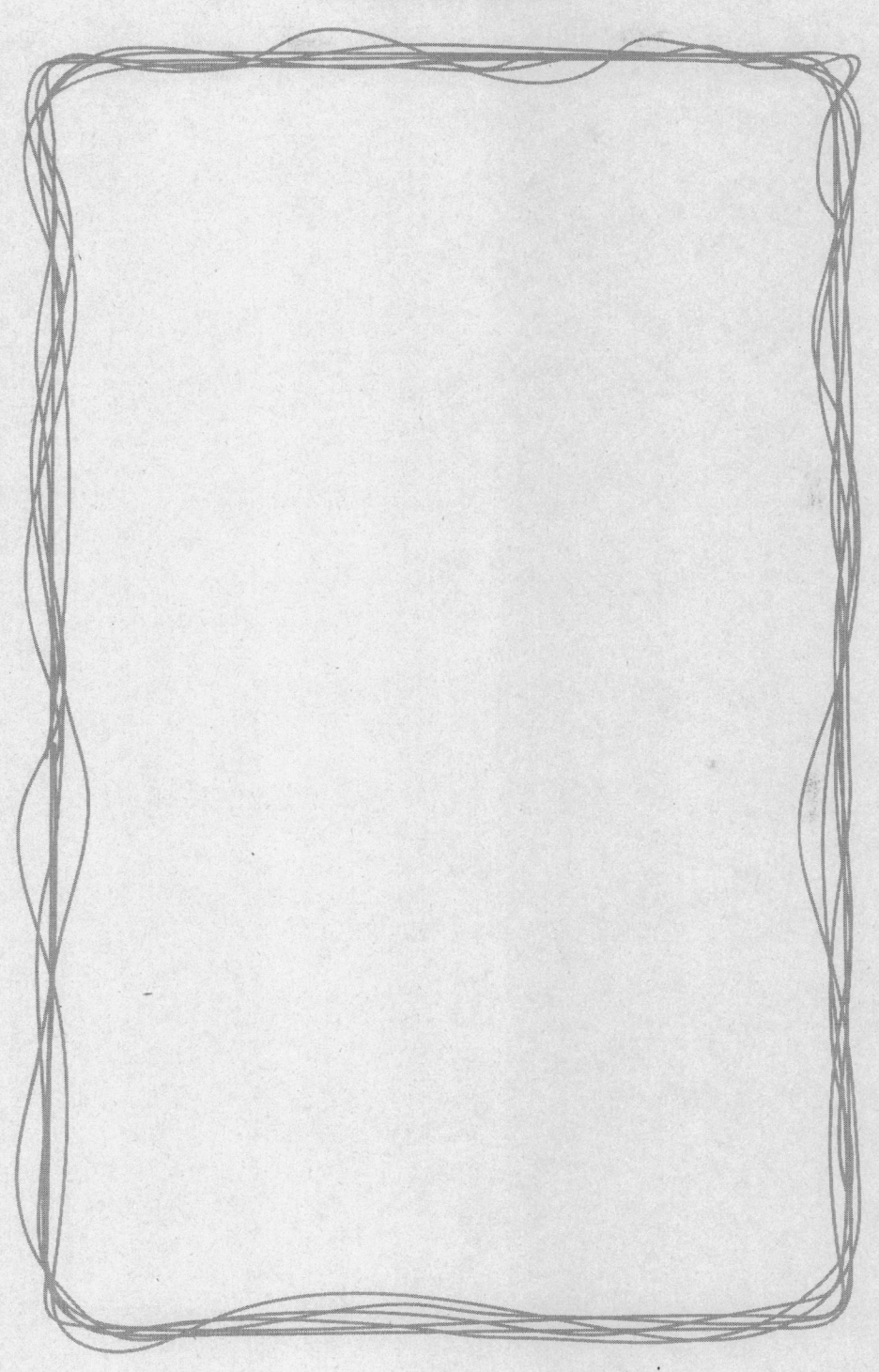

67.

O que tem sido mais importante para você: a tendência ou a essência?

A SAÍDA É PARA DENTRO

68.

Você gostaria de ter a sua própria amizade? Porque?

A SAÍDA É PARA DENTRO

69.

Se você fosse autor (a) do dicionário, o que escreveria sobre a palavra "amor"?

A SAÍDA É PARA DENTRO

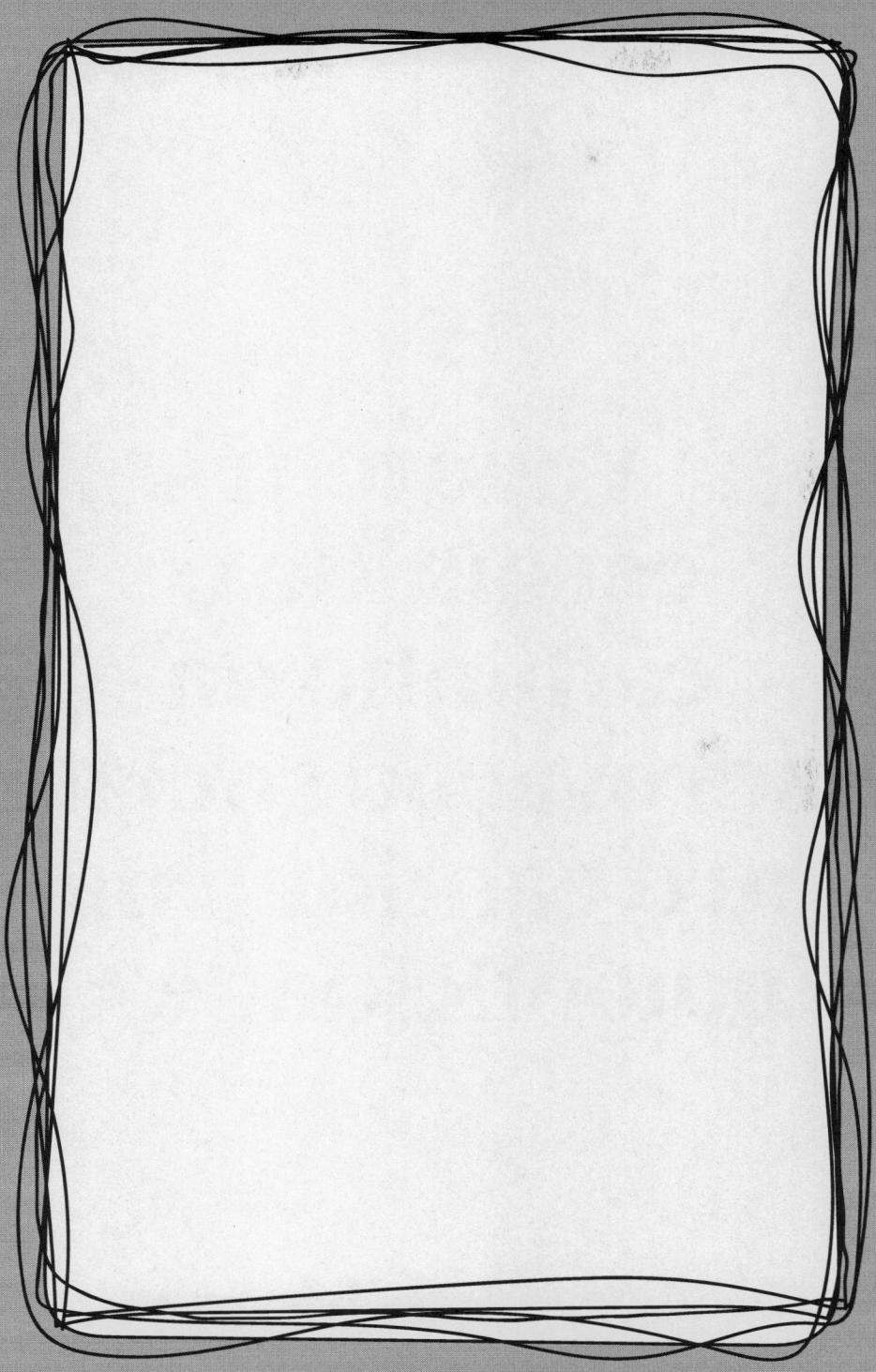

70.
Você tem escolhido o caminho da aprovação social ou o caminho da autenticidade?

A SAÍDA É PARA DENTRO

71.

Como você tem cuidado das suas fontes de energia vital? (Sono, alimentação, respiração, atividade física)

A SAÍDA É PARA DENTRO

72.
Sobre quais assuntos você poderia dar uma aula de 1h naturalmente?

A SAÍDA É PARA DENTRO

73.

Se o mundo fosse um corpo e você fosse o médico, qual seria a sua especialidade?

A SAÍDA É PARA DENTRO

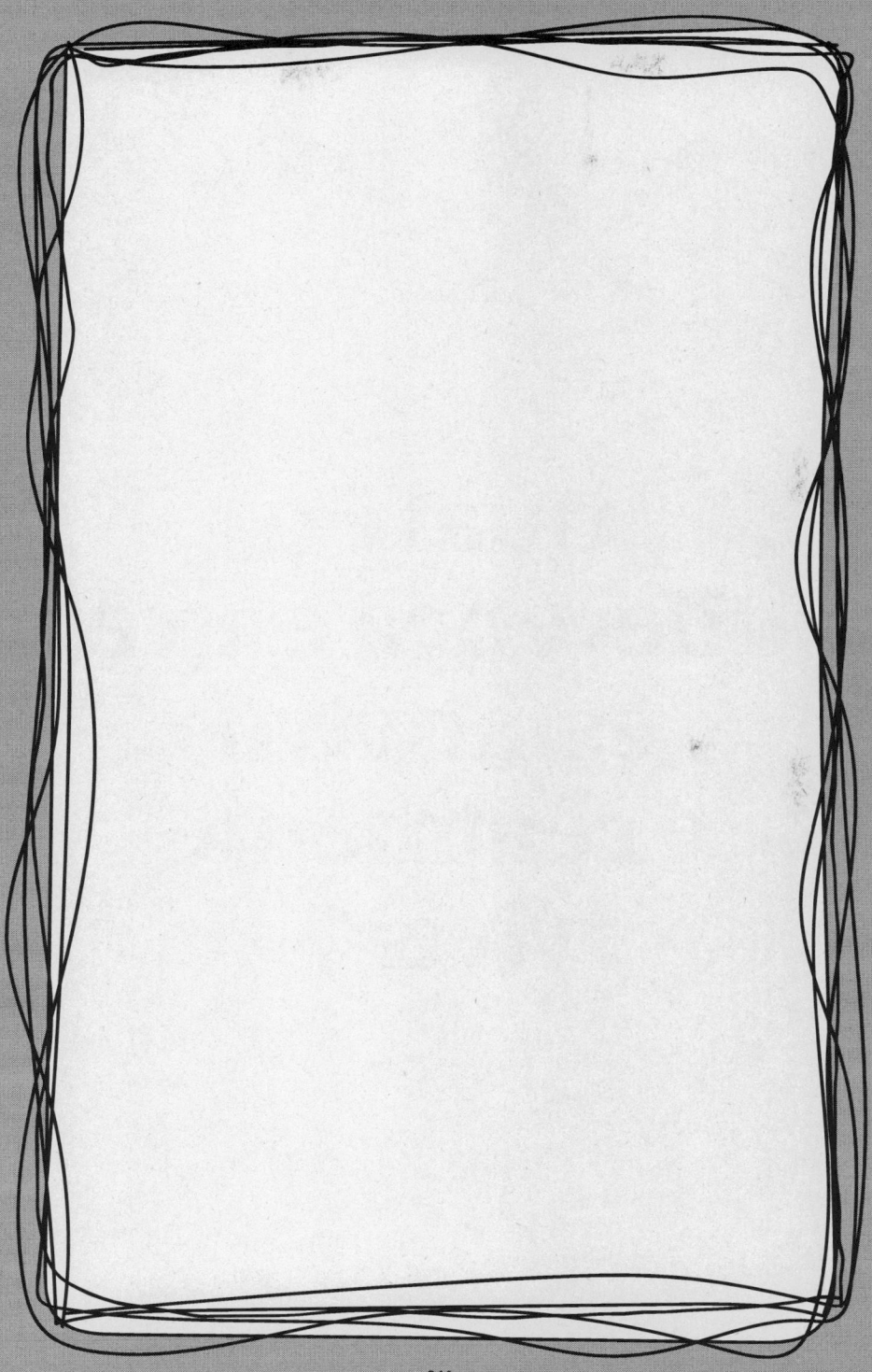

KIKO KISLANSKY

74.

Qual é a diferença entre estar vivo e realmente viver?

A SAÍDA É PARA DENTRO

75.
O que é mais importante: ser o melhor do mundo ou o melhor para o mundo?

A SAÍDA É PARA DENTRO

76.
O que significa sucesso, pra você?

A SAÍDA É PARA DENTRO

KIKO KISLANSKY

77.
O que significa Propósito, pra você?

A SAÍDA É PARA DENTRO

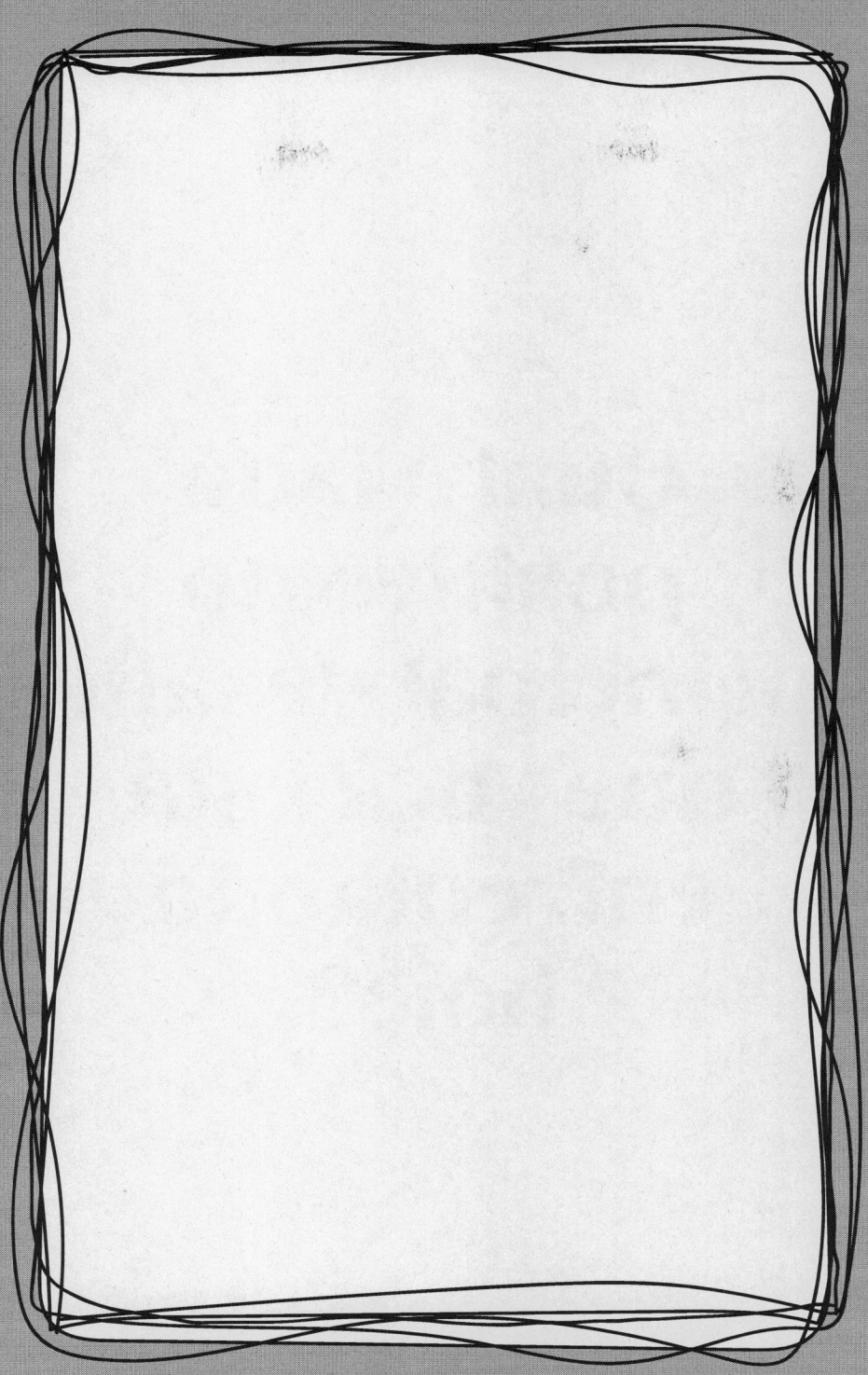

78.
Qual o lado positivo do principal desafio que você está enfrentando hoje?

A SAÍDA É PARA DENTRO

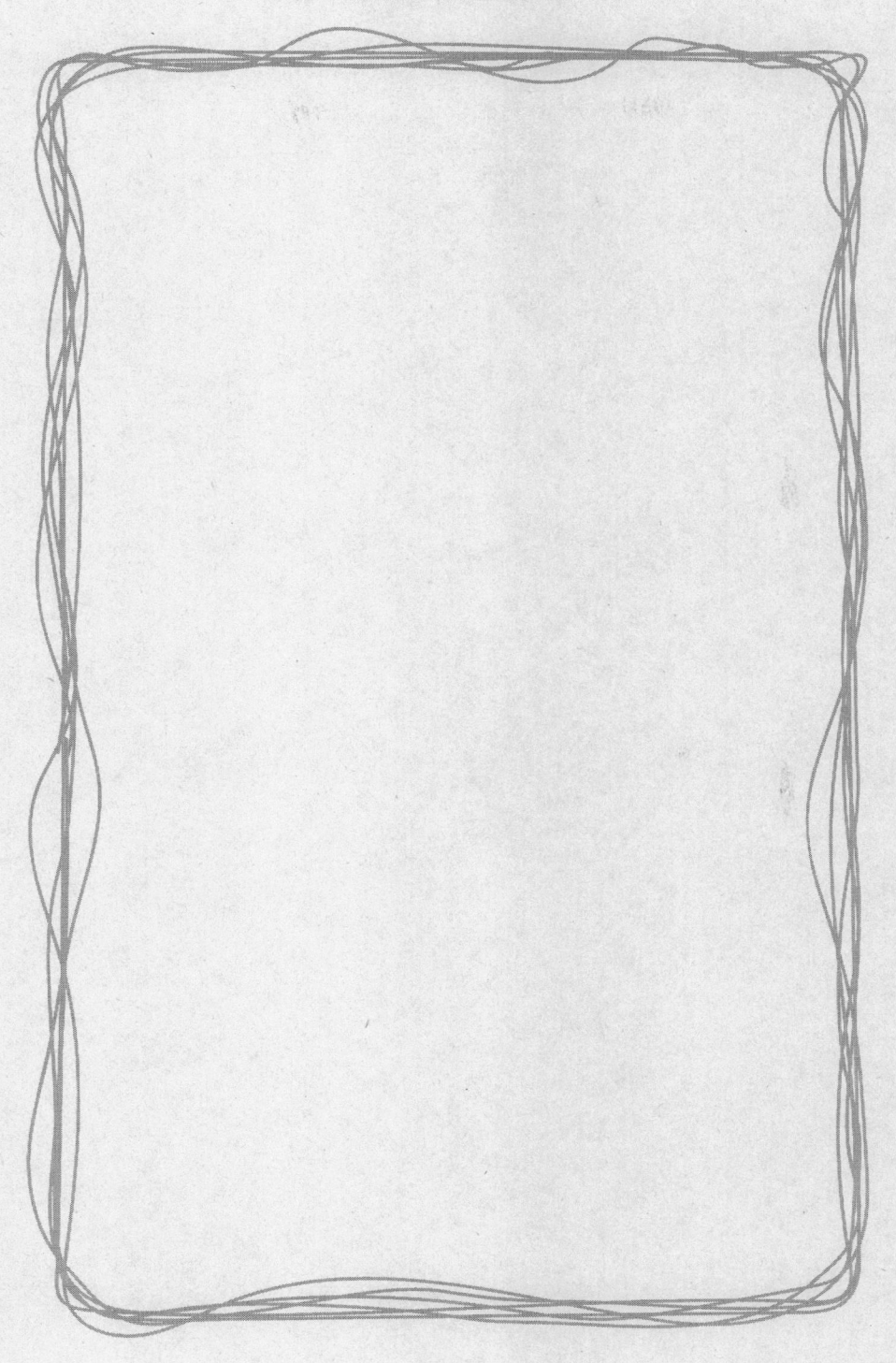

79.

Se você tivesse que falar algo para o mundo inteiro, durante um minuto, o que você falaria?

A SAÍDA É PARA DENTRO

80.

Se você fosse um animal, qual seria e porquê?

A SAÍDA É PARA DENTRO

KIKO KISLANSKY

81.
Qual desafio da sua vida mais fortaleceu você como ser humano?

A SAÍDA É PARA DENTRO

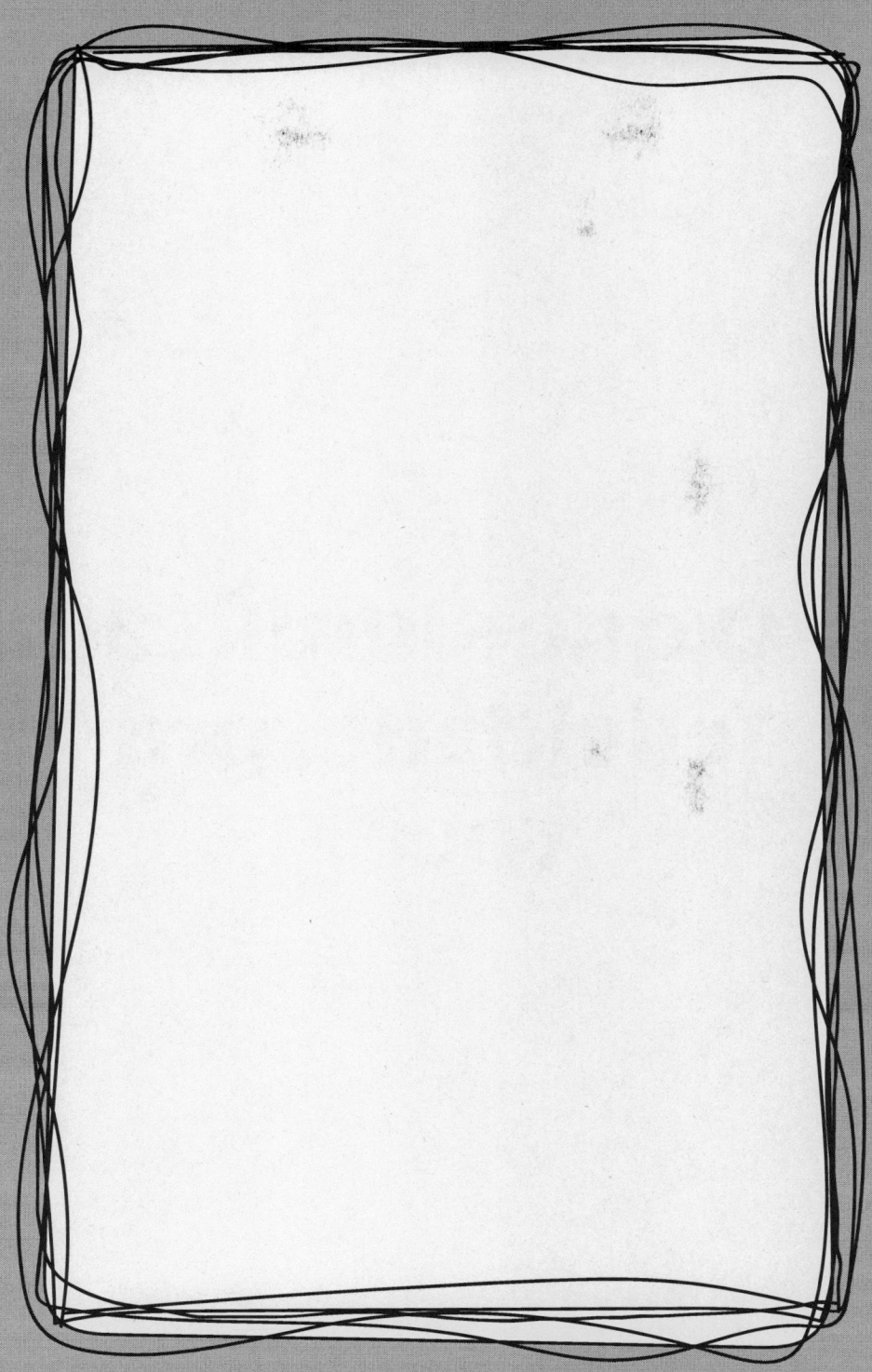

82.
O que significa felicidade, pra você?

A SAÍDA É PARA DENTRO

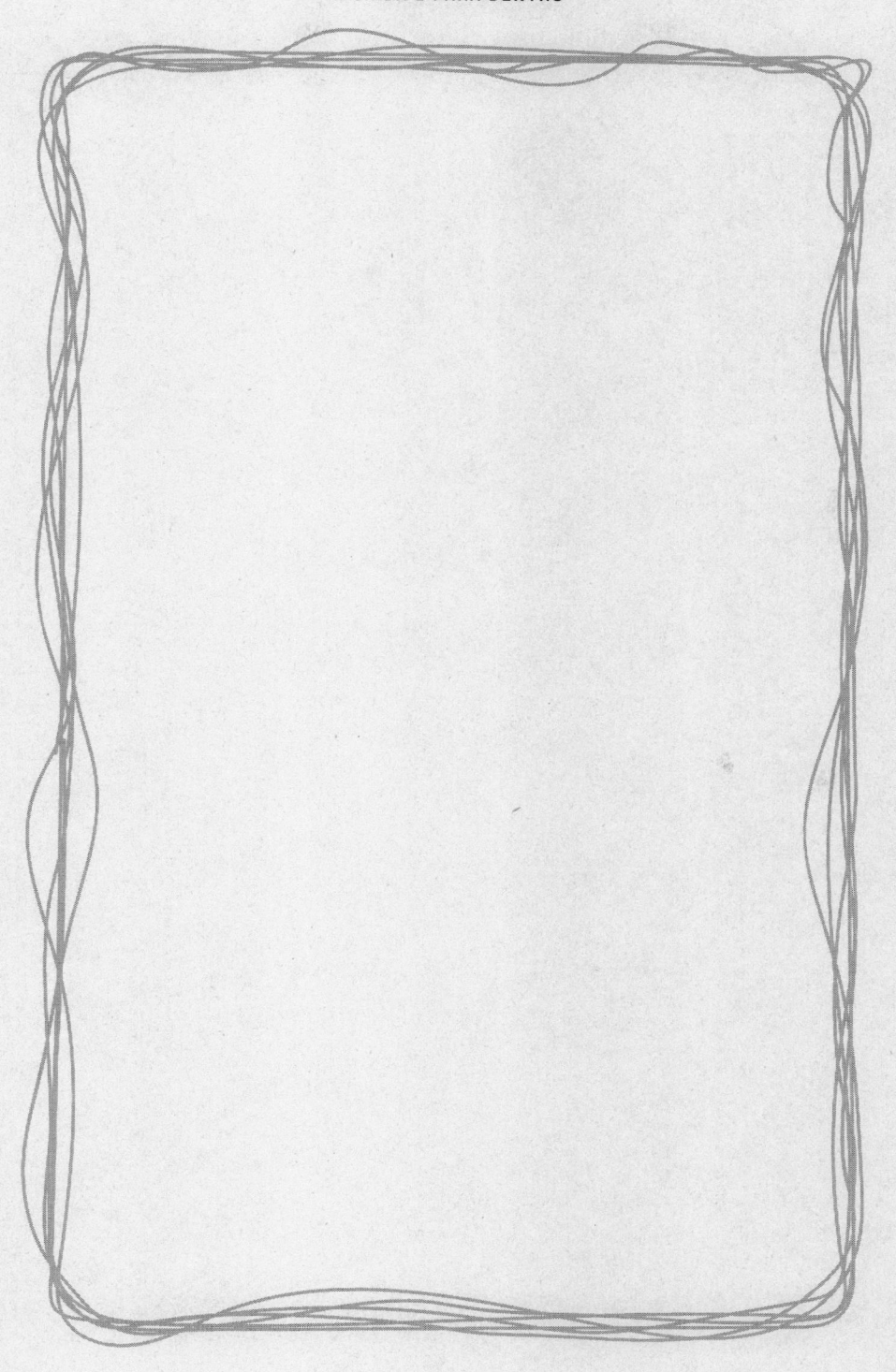

83.
O que você mais tem conversado com você mesmo?

A SAÍDA É PARA DENTRO

84.

Em que momentos você sente que está na sua melhor versão?

A SAÍDA É PARA DENTRO

85.

Que atividade faz você se sentir cansado física e mentalmente, porém mais disposto energeticamente?

A SAÍDA É PARA DENTRO

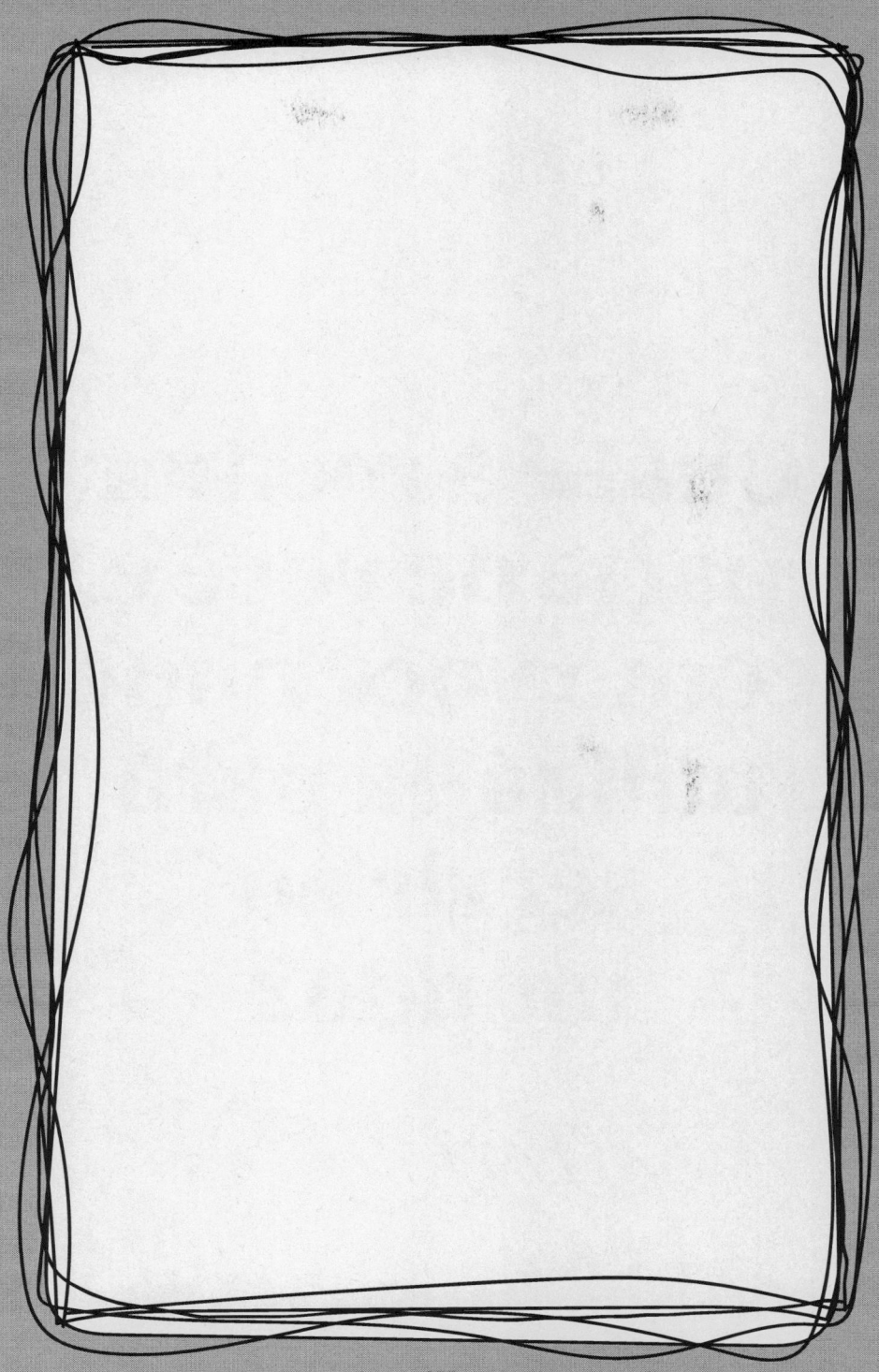

86.
Qual é a melhor parte de você e como você pode utilizá-la para servir ao mundo?

A SAÍDA É PARA DENTRO

87.

As coisas que você mais tem desejado, contribuem para você, para o mundo, ou para ambos?

A SAÍDA É PARA DENTRO

88.

O quanto você acredita e tem esperança no futuro da humanidade?

A SAÍDA É PARA DENTRO

89.
Para você, o que significa estar realmente presente?

A SAÍDA É PARA DENTRO

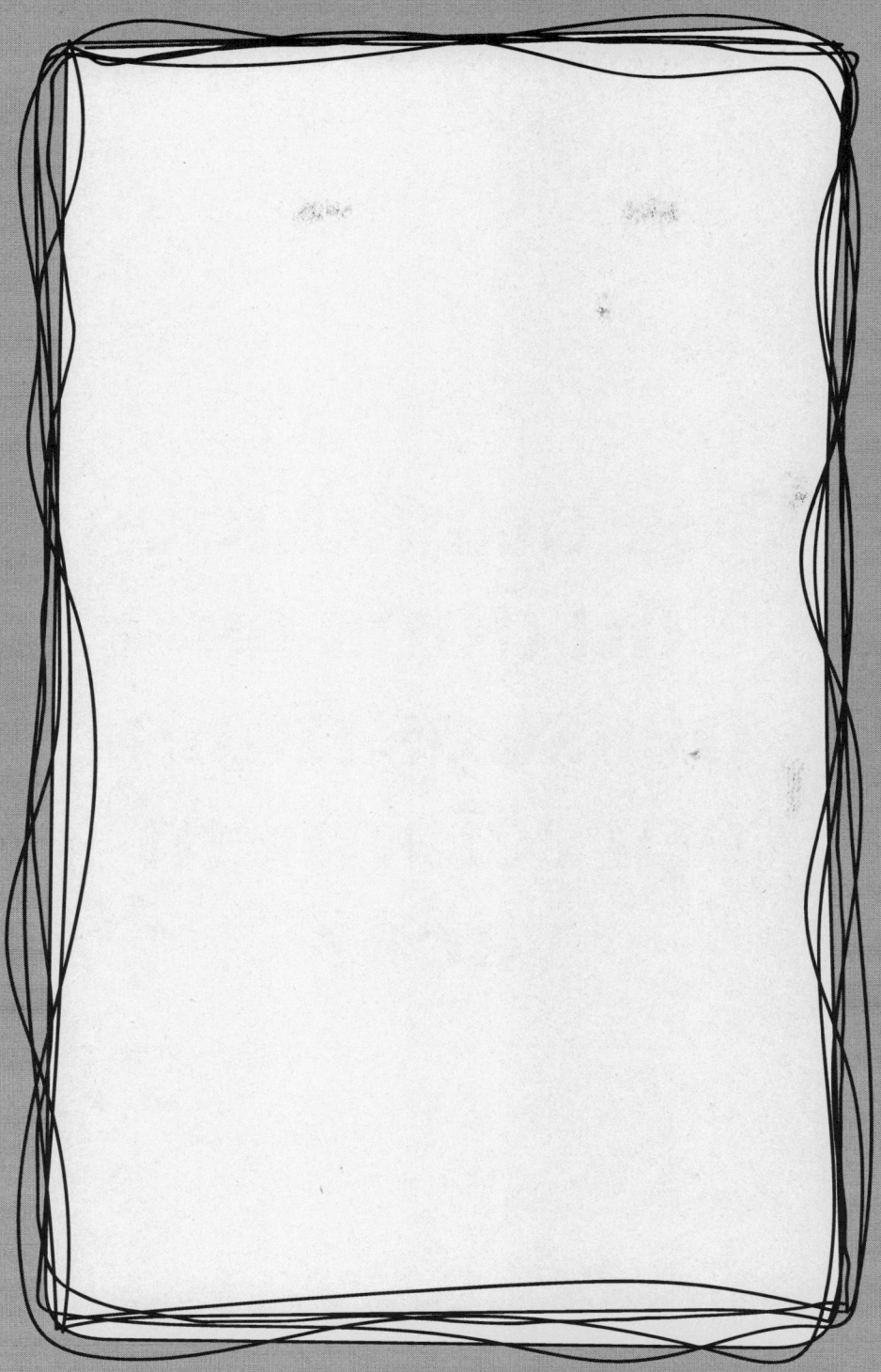

90.
Que qualidades ou dons as pessoas mais apreciam em você?

A SAÍDA É PARA DENTRO

KIKO KISLANSKY

91.
De que forma você tem exercido a gratidão pelas pessoas que você mais ama?

A SAÍDA É PARA DENTRO

92.

O que tem tido mais potência na sua vida: seu ego ou sua alma?

A SAÍDA É PARA DENTRO

93.

Quais são as palavras que mais definem a sua essência (aquilo que irradia de você naturalmente, sem esforço)?

A SAÍDA É PARA DENTRO

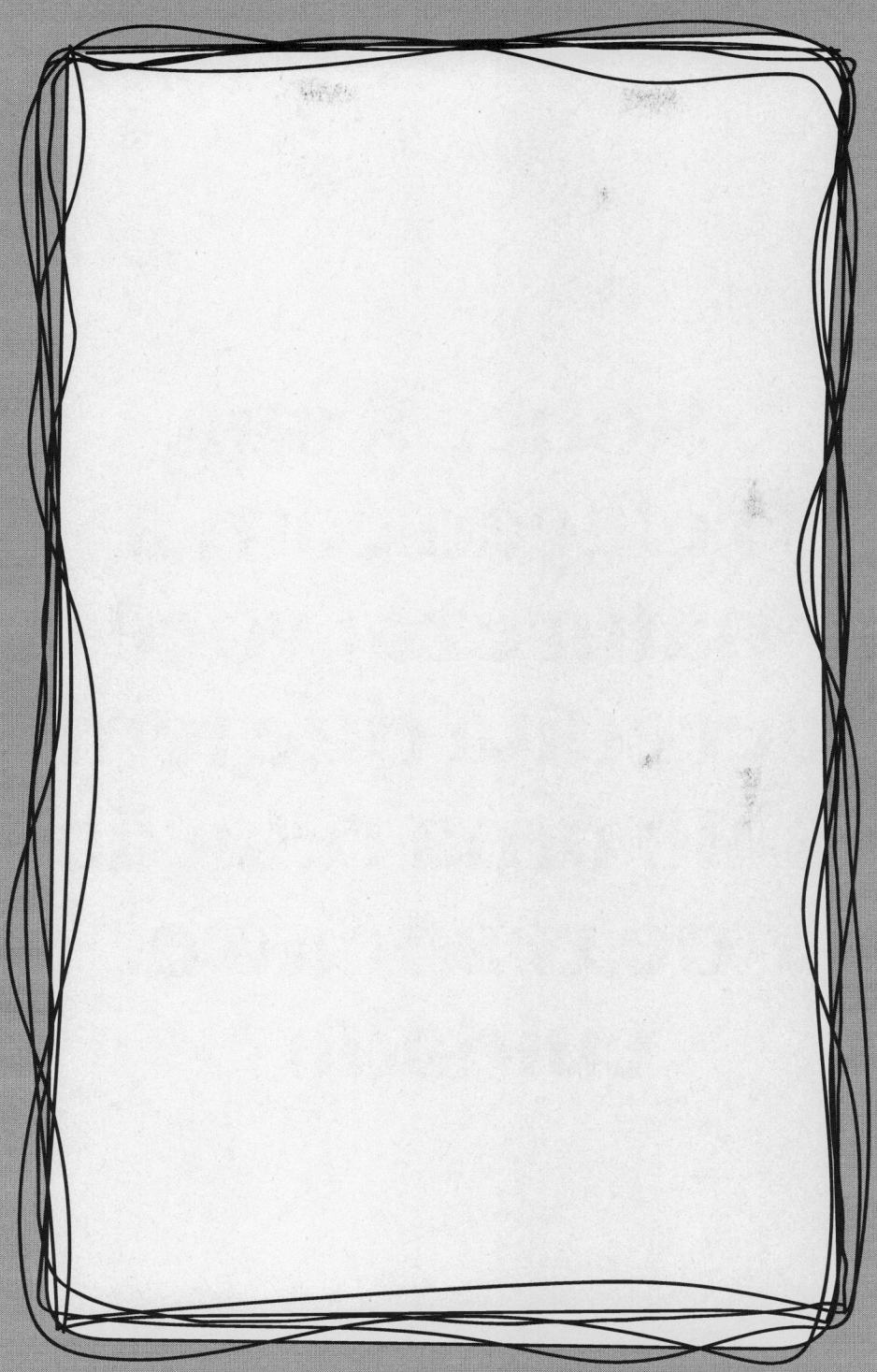

94.

Sobre a sua relação com a natureza: você acredita que tem sido uma relação de respeito e cuidado?

A SAÍDA É PARA DENTRO

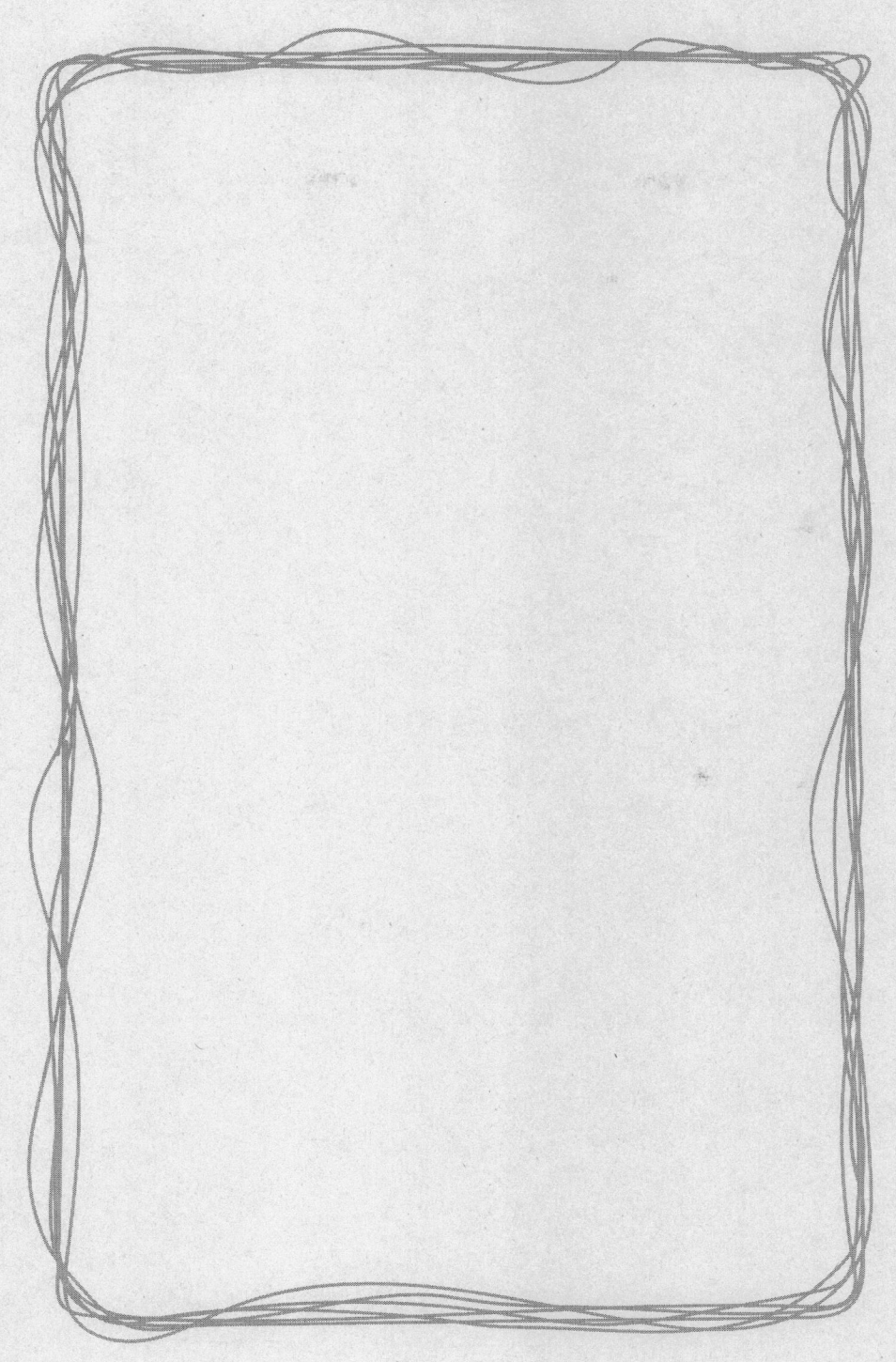

95.
Qual é o significado do dinheiro na sua vida e o que ele realmente representa para você?

A SAÍDA É PARA DENTRO

KIKO KISLANSKY

96.
O que faz você sorrir imediatamente?

A SAÍDA É PARA DENTRO

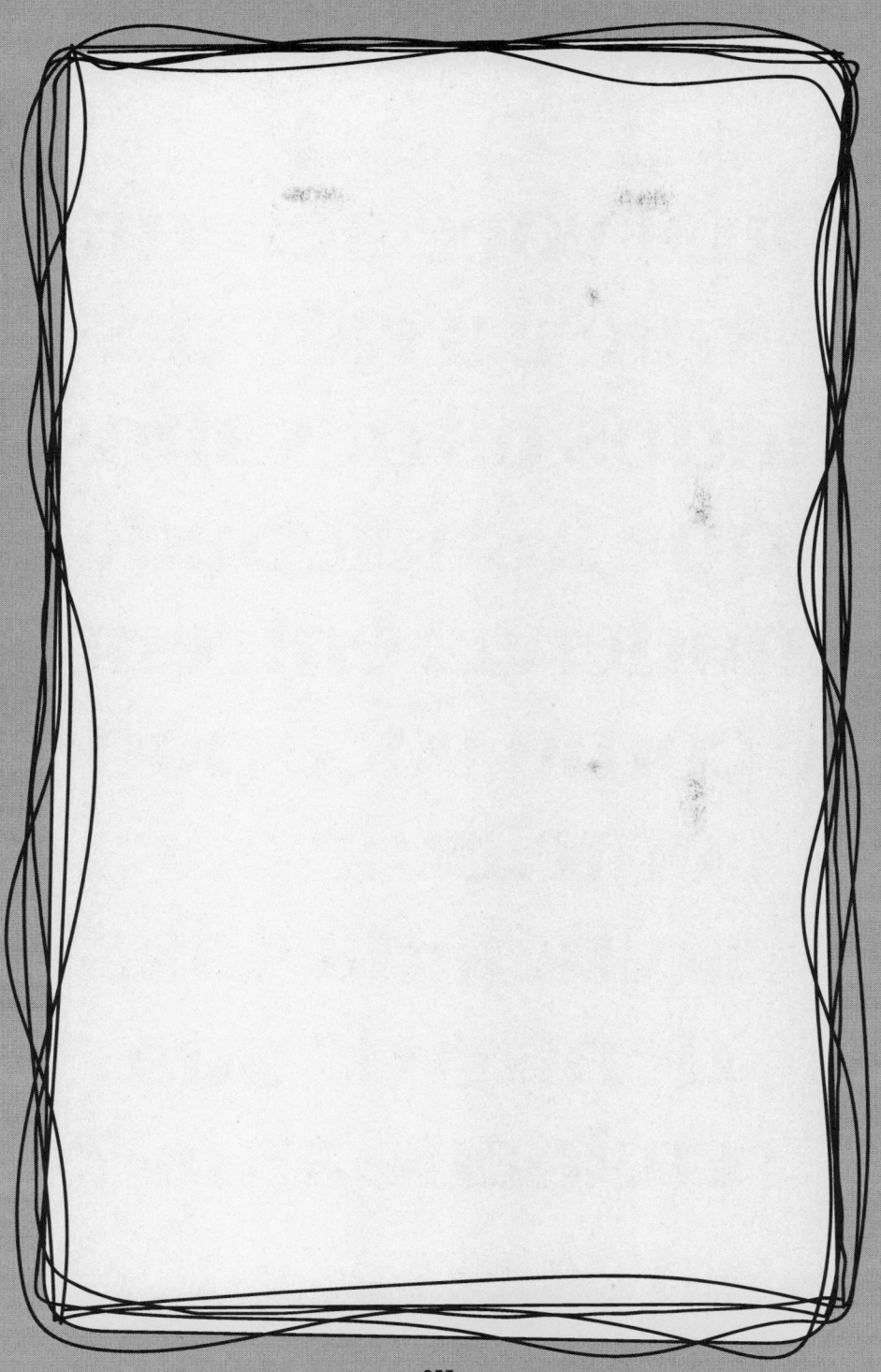

KIKO KISLANSKY

97.

Qual você acredita que é a raiz de todos os desafios que a sociedade moderna enfrenta e como você pode contribuir para solucioná-los, dentro da sua realidade atual?

A SAÍDA É PARA DENTRO

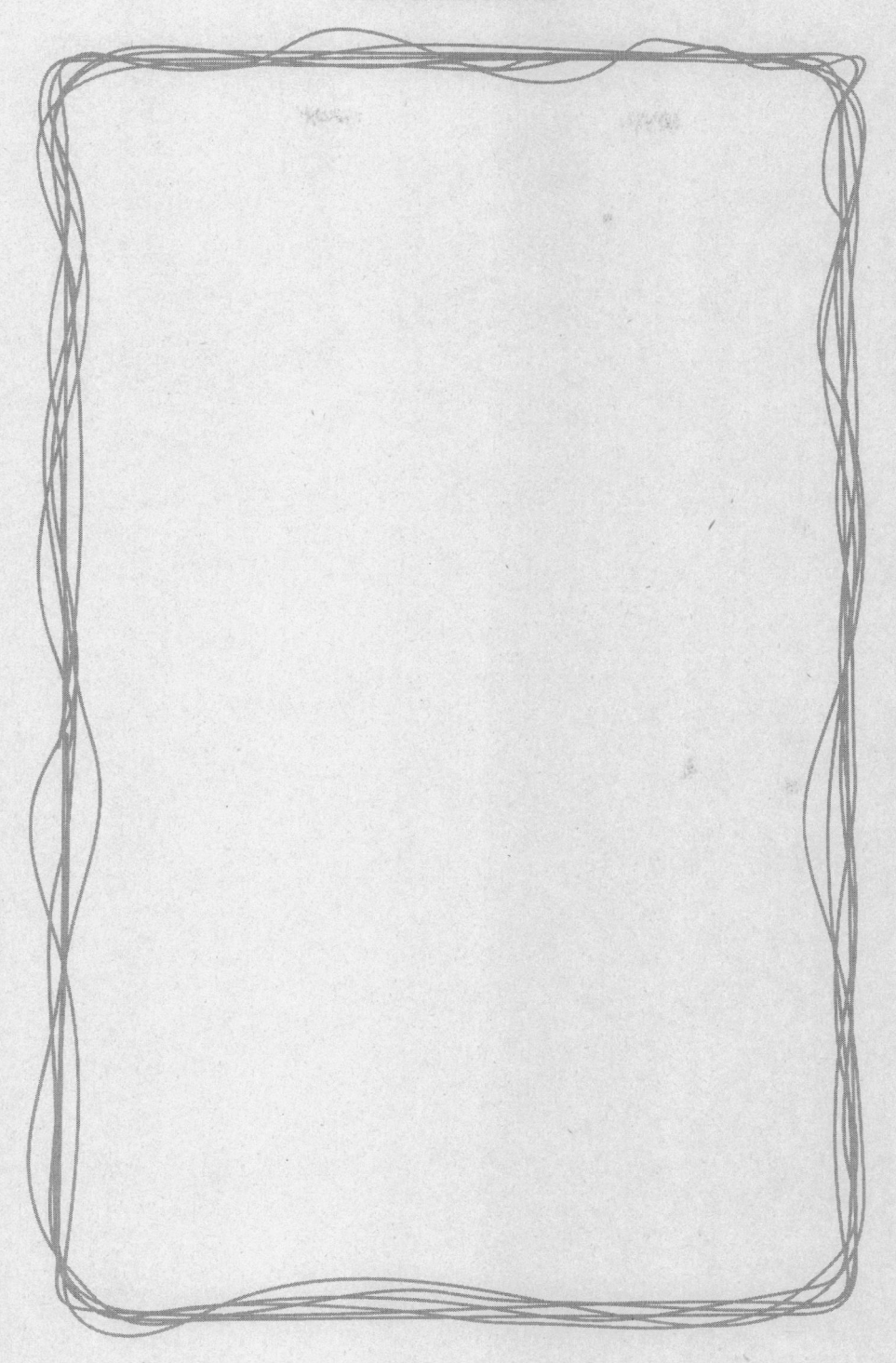

98.

O quanto você sente que está comprometido em verdadeiramente ser quem você nasceu pra ser?

A SAÍDA É PARA DENTRO

99.

O que todos os seres humanos da terra têm em comum?

A SAÍDA É PARA DENTRO

KIKO KISLANSKY

100.

O que significa ser uma pessoa rica, para você?

A SAÍDA É PARA DENTRO

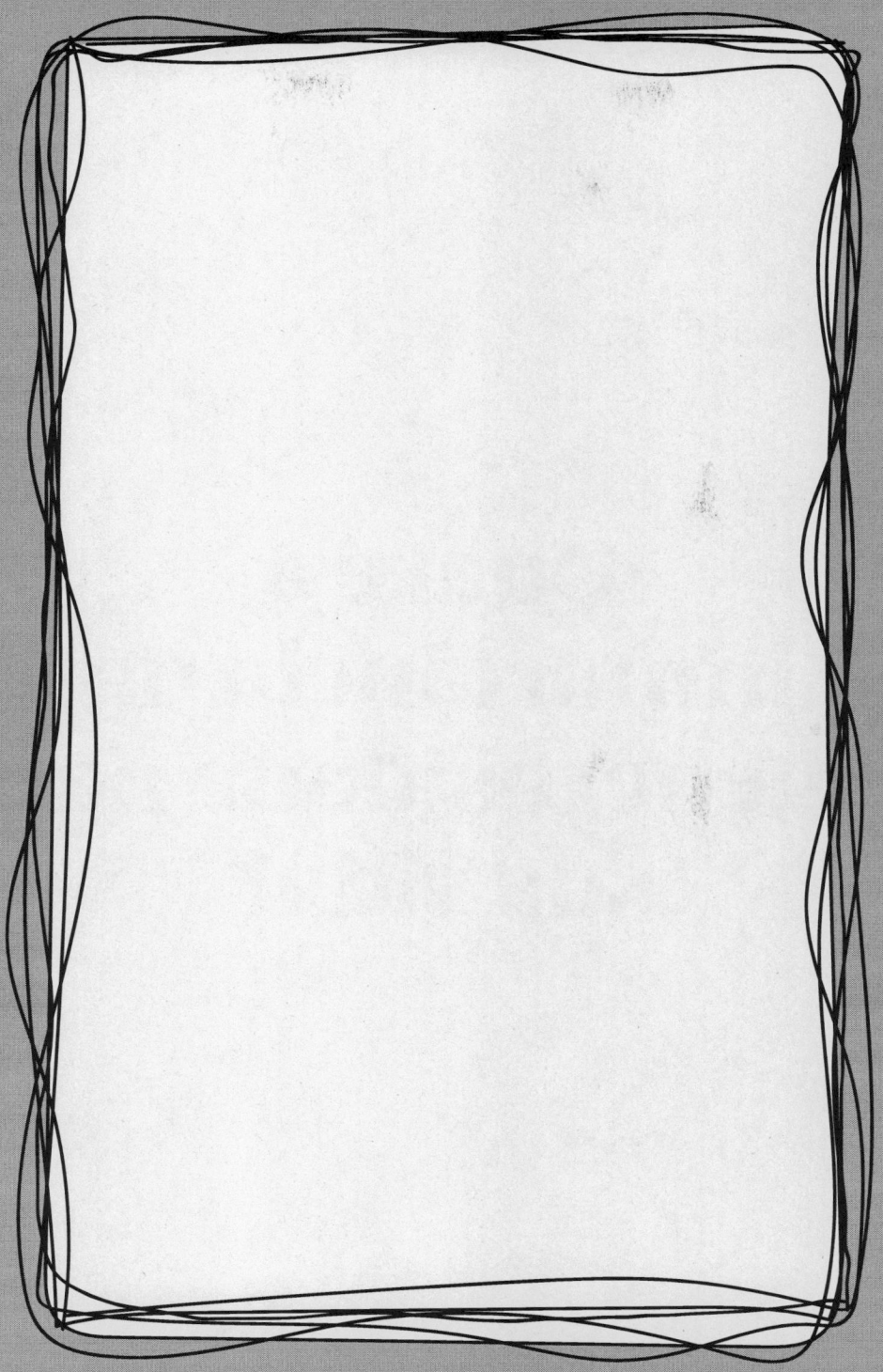

101.
Qual é a importância da generosidade na sua vida?

A SAÍDA É PARA DENTRO

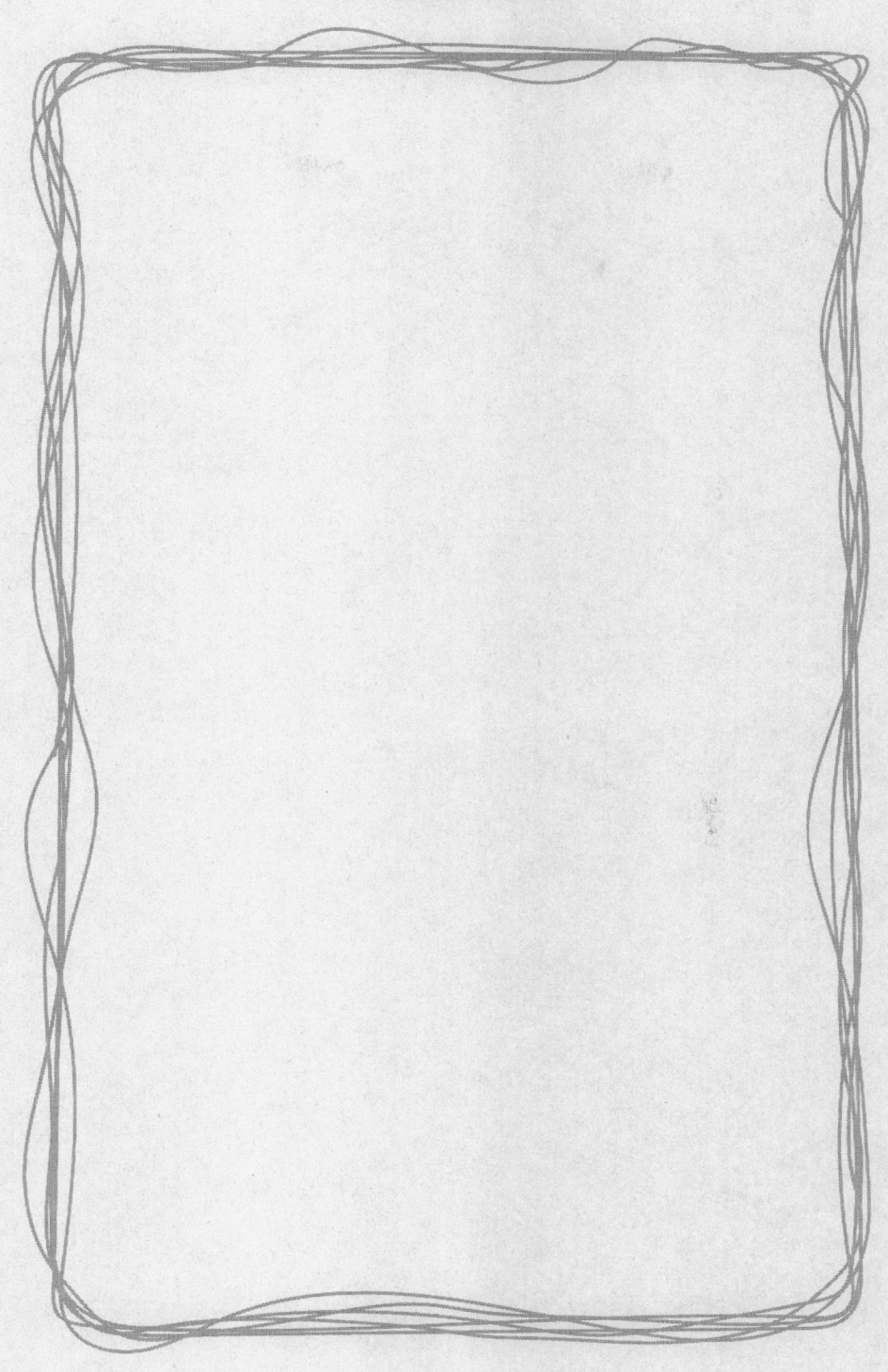

102.

Se você fosse convidado (a) a liderar uma revolução a serviço de um mundo melhor, qual seria a sua causa?

A SAÍDA É PARA DENTRO

103.

Se você pudesse conversar com a sua versão de 8 anos de idade, o que você falaria neste momento?

A SAÍDA É PARA DENTRO

104.
Se todos os trabalhos pagassem exatamente o mesmo salário, qual seria o seu trabalho?

A SAÍDA É PARA DENTRO

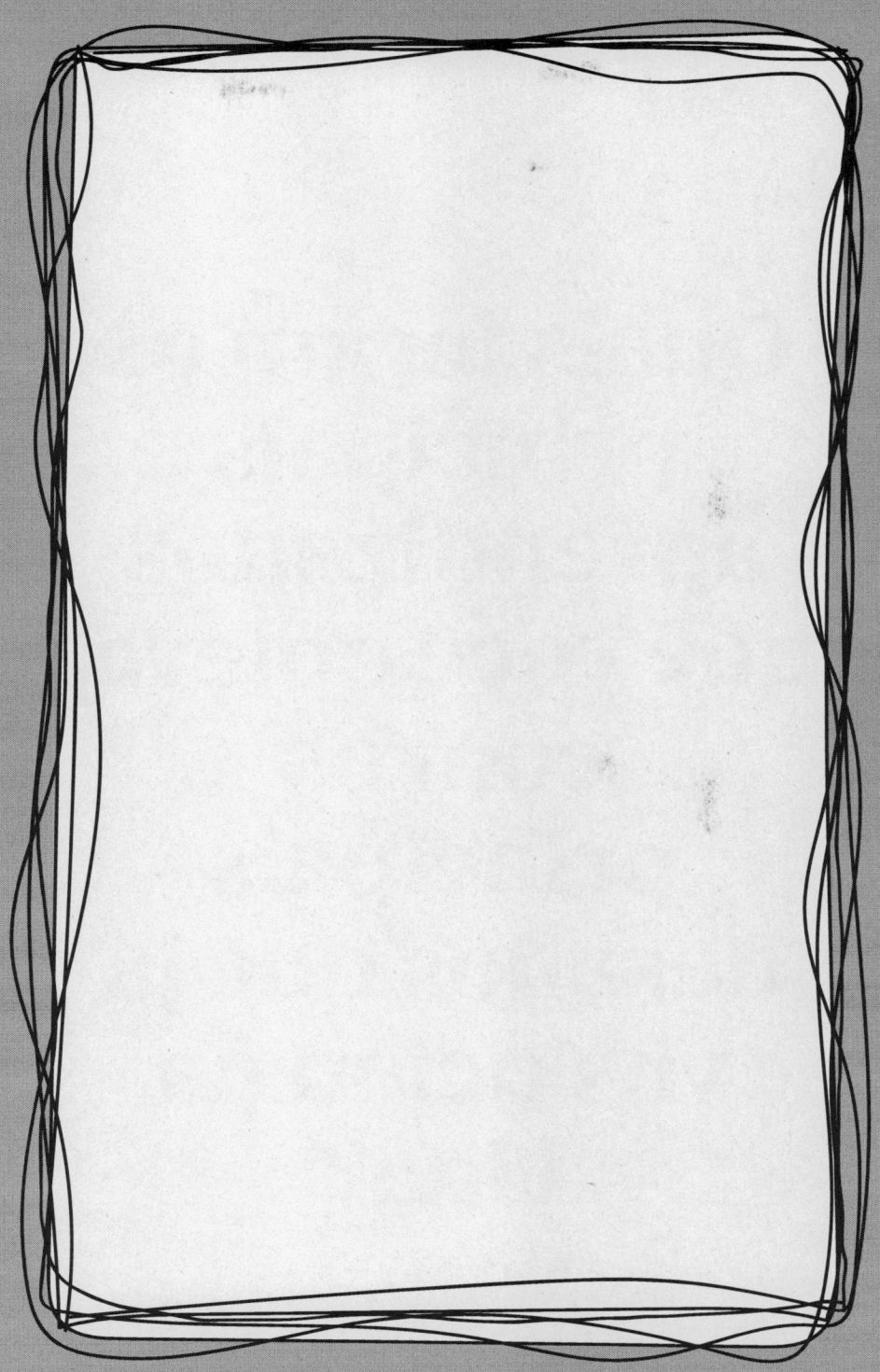

105.

Quais foram os principais aprendizados que você obteve, com os principais desafios que já vivenciou na vida?

A SAÍDA É PARA DENTRO

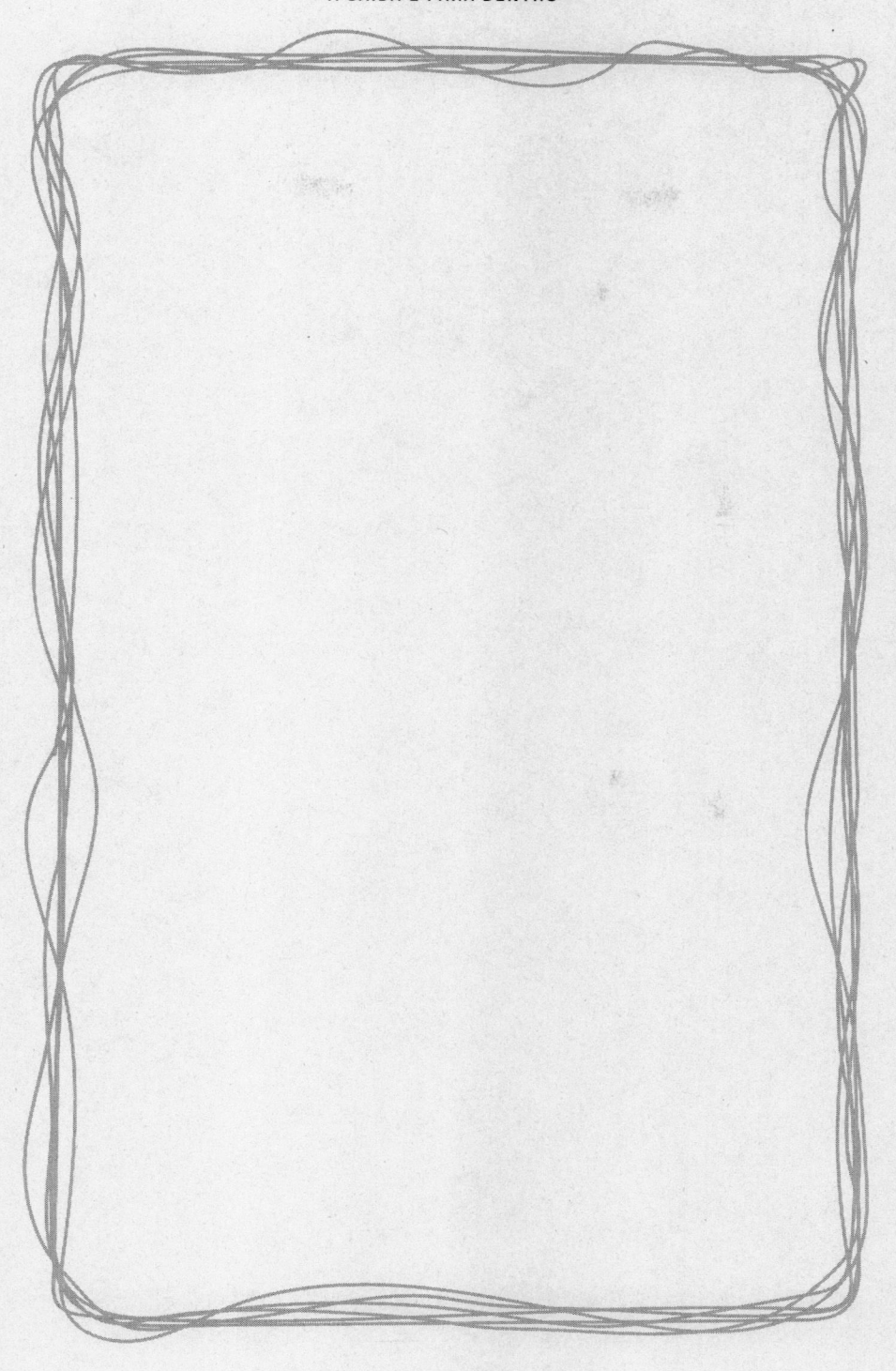

106.

Se fosse convidado para produzir um documentário, sobre o que seria e como seria a sinopse?

A SAÍDA É PARA DENTRO

107.

O que realmente nutre a sua alma e dá sentido à sua vida?

A SAÍDA É PARA DENTRO

108.
O que há de mais precioso em você, que mais pode ser útil ao mundo ao seu redor?

A SAÍDA É PARA DENTRO

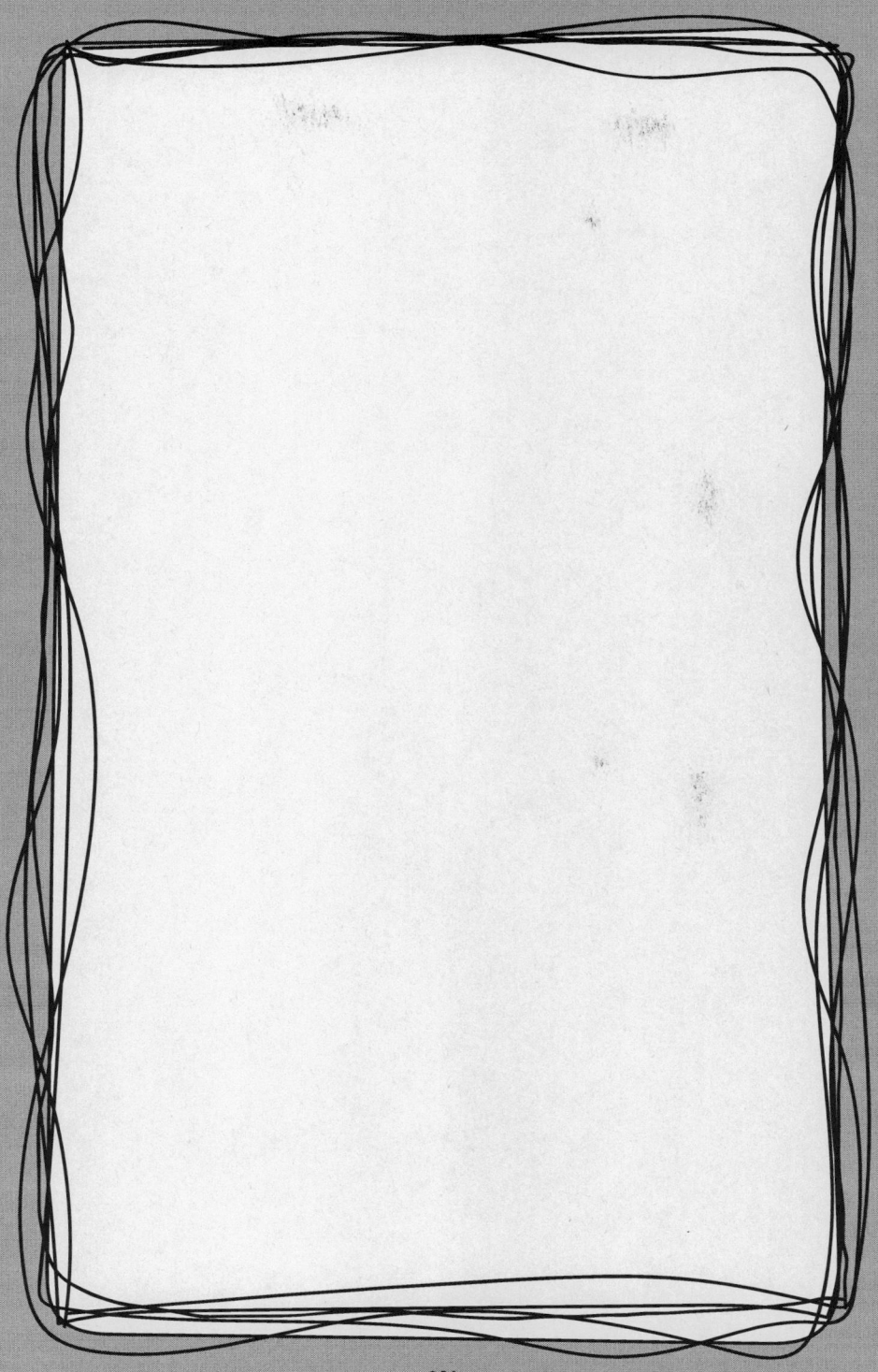

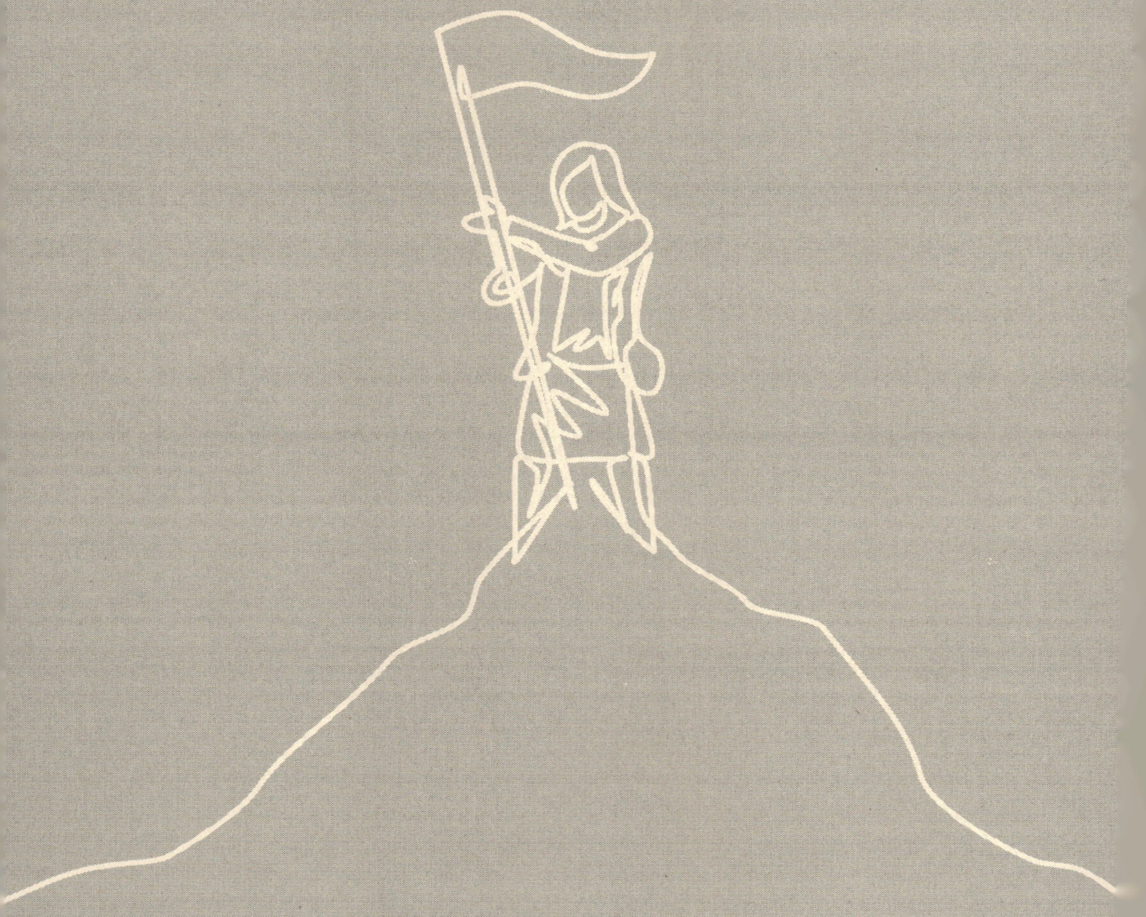

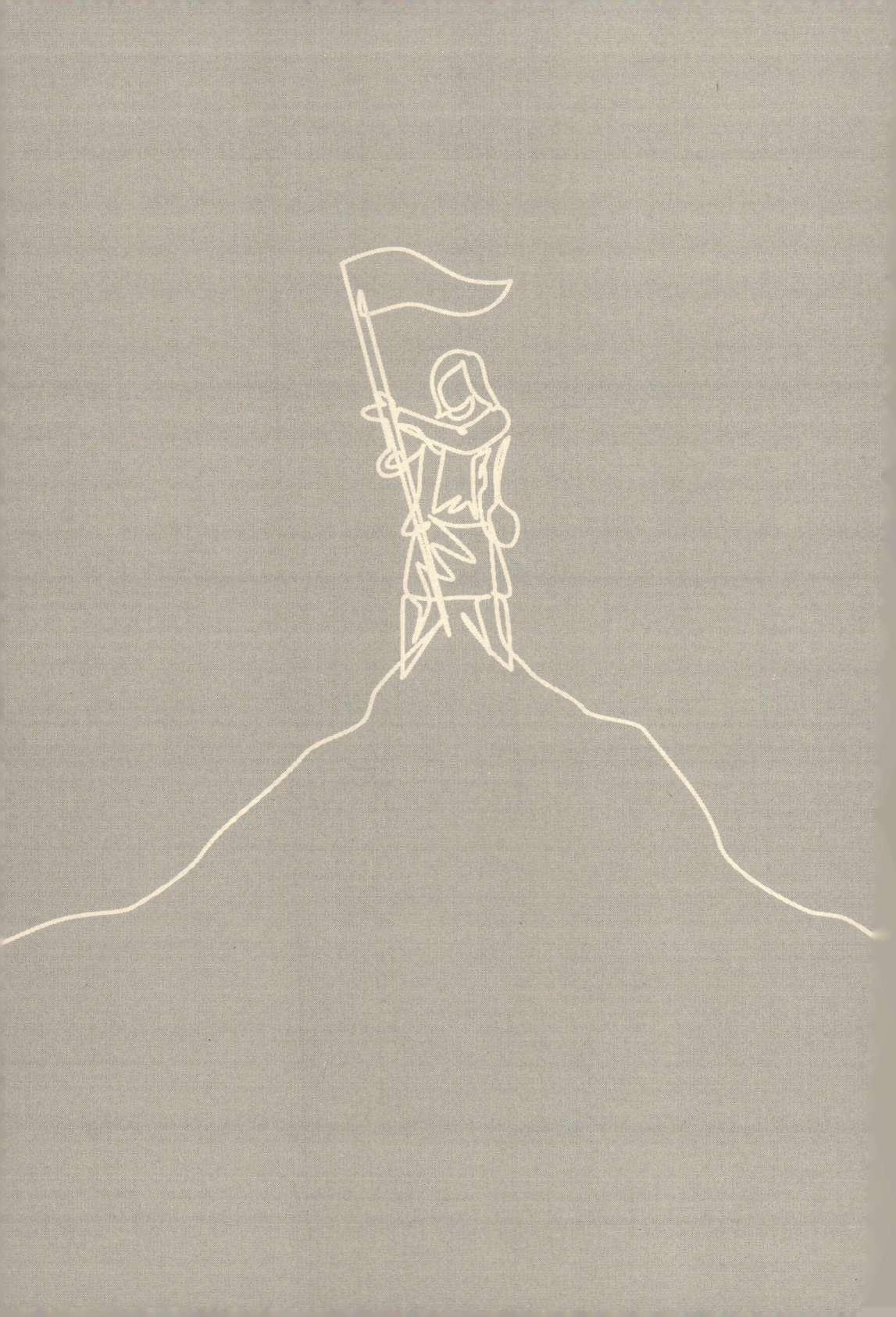

7.
MENSAGEM FINAL

Bom, se você chegou até aqui, significa que mergulhou em 108 reflexões significativas; ou que você é muito curioso (a) e veio aqui checar o fim do livro, antes de começar a ler. Bom, independente disso, gostaria de parabenizar você pela coragem. E não estou falando da coragem de escalar montanhas, nadar com tubarões ou pular de paraquedas. Estou falando da coragem de olhar pra dentro, de investigar a si mesmo. Sim, acredite: é preciso coragem para olhar pra dentro de nós mesmos, nos tempos atuais.

Desejo, verdadeiramente, que esta jornada tenha sido significativa para você e que você tenha sentido um pouco do amor que coloquei nesta construção. Convido você a revisitar suas respostas, sempre que desejar. Ao revisitar as respostas, você poderá perceber que já não acredita mais naquilo, ou poderá fortalecer ainda mais sua convicção. Tudo isso contribuirá para o seu processo de autoconhecimento. Para além, desejo encorajar você a compartilhar suas respostas com o mundo. Promova discussões positivas, trocas colaborativas, conversas significativas.

As respostas que você escreveu neste livro podem fazer parte da mensagem que você nasceu para propagar no mundo. E acredite: as suas respostas podem contribuir, fortemente, com o processo de autoconhecimento de outras pessoas ao seu redor. Portanto, permita que as suas respostas cheguem até outros corações e ouse criar as suas próprias perguntas, para fazer melhor o mundo ao seu redor.

Para finalizar sua experiência, gostaria de propor um exercício final. Você topa? Caso positivo, responda às seguintes questões:

O que mais tocou você, nesta experiência?

O que quer nascer em você, após finalizar esta experiência?

Você sente algum chamado para realizar um novo projeto, a partir das respostas que emergiram?

O que você pode concluir sobre seu Propósito de vida, ao avaliar as suas 108 respostas?

Quer ir além? Então, convido você a tirar uma foto de uma das suas respostas e compartilhar comigo no Instagram @kikokislansky ou encaminhar por e-mail para kiko@nossocazulo.com.br, vou gostar muito de conhecer uma parte do que a sua fonte de sabedoria interna trouxe para você, através deste nosso encontro. Quem sabe, um dia nos encontraremos pessoalmente e conversaremos sobre algumas destas perguntas.

Conte comigo para continuarmos crescendo juntos, através da interconexão dos nossos talentos e propósitos. Forte abraço e gratidão pelo encontro! E lembre-se: siga perguntando. Siga questionando.

Ops... achou que tinha terminado? Mas é claro que não! Eu não poderia deixar você fechar o livro, sem a pergunta mais preciosa:

Como você acredita que melhor pode servir à humanidade, através da sua existência?

> "Não é a resposta que nos ilumina, mas sim a pergunta."
>
> **EUGENE LONESCO**

FRASES QUE INSPIRARAM ESTE LIVRO:

"A resposta certa, não importa nada: o essencial é que as perguntas estejam certas."

MARIO QUINTANA

"Devemos julgar um homem mais pelas suas perguntas que pelas respostas."

VOLTAIRE

"Eu não procuro saber as respostas, procuro compreender as perguntas."

CONFÚCIO

"Perguntas-me qual foi o meu progresso? Comecei a ser amigo de mim mesmo."

SÊNECA

> "Crianças gostam de fazer perguntas sobre tudo. Mas nem todas as respostas cabem num adulto."
>
> ARNALDO ANTUNES

> "Perguntas de alto nível criam uma vida de alto nível. Pessoas bem-sucedidas fazem melhores perguntas, e como resultado, obtêm melhores respostas."
>
> ANTHONY ROBBINS

> "O cientista não é o homem que fornece as verdadeiras respostas; é quem faz as verdadeiras perguntas."
>
> CLAUDE LÉVI-STRAUSS

> "As perguntas a que se responde com um sim ou um não, raramente são interessantes."
>
> JULIEN GREEN

> "A razão pode responder perguntas, mas a imaginação tem que perguntá-las."
> RALPH GERARD

> "Enquanto eu tiver perguntas e não houver respostas, continuarei a escrever."
> CLARICE LISPECTOR

> "São precisamente as perguntas para as quais não existem respostas, que marcam os limites das possibilidades humanas e traçam as fronteiras da nossa existência".
> MILAN KUNDERA

> "O importante é não deixar de fazer perguntas."
> ALBERT EINSTEIN

> "Quando a gente acha que tem todas as respostas, vem a vida e muda todas as perguntas."
> LUIS FERNANDO VERISSIMO

"É necessário fazer outras perguntas, ir atrás das indagações que produzem o novo saber, observar com outros olhares através da história pessoal e coletiva, evitando a empáfia daqueles e daquelas que supõem já estar de posse do conhecimento e da certeza."

MARIO SERGIO CORTELLA

"Ah, minha alma, prepare-se para encontrar Aquele que sabe fazer perguntas."

T. S. ELIOT

"Dentro de nós estão as respostas para todas as perguntas que podemos fazer. Você não tem ideia de quanto é sábio!"

LOUISE HAY

"Quem crê ter todas as respostas, certamente não fez todas as perguntas."

CONFÚCIO

"Para isso existem as escolas: não para ensinar as respostas, mas para ensinar as perguntas. As respostas nos permitem andar sobre a terra firme. Mas somente as perguntas nos permitem entrar pelo mar desconhecido."

RUBEM ALVES

"Não existe nenhum caminho lógico para a descoberta das leis do Universo — o único caminho é a intuição."

— FRASE ATRIBUÍDA A ALBERT EINSTEIN